추천의 글

지금도 많은 젊은이들이 '스타트업'이란 꿈에 도전하고 있다. 패기와 열정으로 제품 혹은 플랫폼 개발에 온밤을 지새우며 성공이란 꿈을 향해 한 발씩 내딛고 있다. 하지만 현실은 냉혹하기만 하다. 열심히 개발하고 노력하는 만큼 결과가 따를 것이라 생각하지만 이것 또한 꿈이었음을 깨닫는 순간 숱한 실망과 좌절에 빠지고 만다.

그동안 57개의 스타트업을 코칭과 자문을 하면서 그들과 가장 많이 고민한 부분이 "밸류(Value)"이다. 크든 작든 나만이 가지고 있는, 나만의 차별화된 밸류는 무엇인가, 그 밸류로 어떻게 캐시플로우를 만들 것인가였다. 박지영 저자의 《직장은 다니고 있지만 내 일이 하고 싶습니다》는 젊은 창업가들이 어떻게 밸류를 만들 것인가에 대해 현장에서의 경험을 바탕으로 체계적으로 잘 서술해 놓았다. 이 책이 사업의 밸류를 만들어가는 과정에서 훌륭한 가이드북이 되기를 바란다.

_**이용덕**(서강대 교수, 드림앤퓨쳐랩스 대표, 《5년 후 나는 어디에 있을 것인가》 저자)

투자 받고 싶은 스타트업들이여, 모두 이 책을 읽자. 스타트업과 투자자들을 자주 만나다 보니 이 둘은 서로 말이 통하지 않는다는 걸 느꼈고, 언제부턴가 이 둘을 '화성에서 온 남자, 금성에서 온 여자'라고 표현하기 시작했다. 이 책은 이 둘에게 소통하는 법을 알려준다. "투자를 받게 해주는 통역기"를 박지영 대표가 발명했다.

_**임윤철**(기술과가치 대표, 〈공부하는 스타트업〉 발행인)

스타트업을 빌드업(Build up)하는 과정에서 필요한 체크리스트를 경영학을 전공하지 않은 사람들도 이해하기 쉬우면서도 명확하게 전달하는 책이다. 책을 한번 다 읽고 나면 사업을 시작하려는 사람은 어떻게 사업 계획을 세워나갈지 방향을 잡을 수 있고, 사업을 하고 있는 사람은 현재 사업을 점검할 수 있는 인사이트를 얻을 수 있을 것이다. 특히 각 장마다 적절한 국내 및 해외 스타트업 사례가 수록되어 재미를 느낄 수 있고, 추가된 최근 사례들은 현실감 있게 와닿는다. 가지 않은 스타트업의 길을 걸어갈 때 든든한 동반자가 되어 줄 수 있는 책이다.

_**정회훈**(카이스트청년창업투자지주 대표)

초기 스타트업에 투자할 때 가장 중요하게 생각하는 3가지는 시장, 아이디어, 그리고 사람이다. 이 중 가장 중요한 것이 '사람'이다. 초기 스타트업일수록 객관적인 시장 지표가 없기 때문이다. 당신은 말로 그치지 않고 실행할 수 있는 사람인가? 새로운 것을 배우려는 자세가 충분한 사람인가? 창업을 고민하는 사람이라면, 이 책을 통해 창업가에게 필요한 덕목을 갖출 수 있을 것이다.

_권오상(벤처 캐피털 프라이머사제파트너스 공동창업자 겸 공동대표)

스타트업은 성장 과정, 경영 과정에서 다양한 형태의 문제를 지속적으로 겪는다. 정답은 없다. 회사마다 업의 특성과 시기적 특성에 따라 다르다. 그래서 창업가들은 자기만의 답을 찾기 위해 어렵고 힘든 시간을 보낸다. 누구도 완벽한 답을 알려줄 수는 없지만, 누군가의 비슷한 경험이나 이야기가 힘이 되고, 힌트가 될 수 있음은 확신한다. 당면한 문제를 해결하기 위해 고군분투하고 있는 창업가라면 이 책을 보길 권한다.

_김대현(잔디 서비스 ㈜토스랩 대표이사)

나는 창업을 영화 〈매트릭스(The Matrix)〉의 주인공이 빨간약을 먹고 혼돈스러운 진실을 마주하는 것과 비교하곤 한다. 창업가에게 늘 즐겁고 행복한 일만 일어나지는 않기 때문이다. 가끔 팍팍한 현실에서 눈을 돌려 이상을 바라보고 싶을 때면, 파란약을 먹듯 이 책에 나오는 창업가들의 이야기를 읽어보길 권한다.

_김형진(전 MARU180 스타트업센터장)

한 해에도 수천 개의 스타트업이 만들어졌다가 소리 소문 없이 사라진다. 수많은 성공 스토리들이 있지만 누구나 그런 스토리의 주인공이 될 수는 없다. 성공 방정식을 그대로 따라도 실패하기 마련이다. 스타트업에게 중요한 것은 대단한 성공이 아니라, 실패하지 않는 기술이 아닐까? 그런 의미에서 실패하지 않는 방법을 이야기하는 이 책이 무척 반갑다.

_명승은(벤처스퀘어 대표)

저자를 처음 만난 건 룩셈부르크에서 열린 스타트업 서밋에서였다. 시종일관 활기차게 국내외 스타트업 인사들을 대하고, 다양한 사회 문제를 스타트업의 관점에서 풀어낼 수 있다는 확고한 신념을 가진 모습이 무척 인상적이었다.
이 분야에서 마당발로 통하는 저자는 여러 기업과 기관에서 활약하며 스타트업 업계에 활력을 불어넣고 있다. 그런 그가 예비 사회 문제 해결사, 즉 예비 창업자들에게 꼭 필요한 책을 내놨다. 제주도의 빈집 문제를 해결하는 스타트업 '다자요'를 첫 장 사례로 배치한 걸 보면 그의 시선이 어디에 닿아 있는지 보인다.
초보 창업가라면 누구나 알고 싶을 만한 보석 같은 조언과 IR 자료 작성법 등이 책 곳곳에 녹아 있다. 투자자나 선배 창업가들에게 묻고 싶었지만 면박받을까 지레 포기했던 질문들에 대한 답을 얻을 수 있을 것이다. 스타트업에 대한 환상을 가지지는 말되, 그렇다고 업계가 참혹한 정글도 아니니 쉬 포기하지도 말라는 저자의 진중한 메시지는 덤이다.

_박수호(매경이코노미 기자, 스타트업 실패 사례 공유 커뮤니티 '성실캠프' 창립자)

창업을 고민하는 사람이라면 이 책을 읽어보길 바란다. 지금은 세계에서 손꼽히는 기업들도 처음에는 작은 아이디어로 시작했다. 소비시장의 흐름에 빠르게 대처할 자세가 되어 있고, 새로운 시도를 두려워하지 않는다면, 이미 창업가로서 잠재력은 충분하다. 당신의 아이디어를 실현시켜줄 공식들이 이 책에 담겨 있다. 독창적이고 혁신적인 아이디어를 가진 창업가들이 아이디어를 현실화하는 노하우를 배울 수 있는 좋은 지침서가 될 것이다.

_양형남(에듀윌 창업가, 현 에듀윌 ESG위원회 회장)

사업 계획서의 목적은 설득이다. 청중에게 쉽고 명확하게 전달되는 것이 중요하다. 브랜드와 창업가의 스토리를 제대로 전달하려면 공급자 관점이 아닌 고객 관점으로, 나만의 언어가 아닌 고객의 언어로 이야기하자. 이 책에는 청중이 듣고 싶은 이야기를 하는 법이 담겨 있다.

_우승우(더워터멜론 공동대표, 《창업가의 브랜딩》 저자)

저자가 이끌었던 정주영 창업경진대회 액셀러레이팅 프로그램을 통해, 유튜브 크리에이터로써의 한계를 넘어 스케일업이 가능한 비즈니스 모델을 수립할 수 있었다. 모든 창업가들이 포기하고 싶은 순간을 맞이한다. 그때 혼자 고민하기보다는 액셀러레이터, 벤처캐피털과 소통하는 것을 추천하고 싶다. 이 책을 통해 다른 창업가들과 투자자들의 생각을 들여다보는 것도 좋겠다.

_이상곤(유튜브 크리에이터, '안될과학' 운영자, 모어사이언스 대표)

창업을 하면서 객관적인 눈으로 시장을 바라보고, 실행 방식이 맞는지 돌아볼 기회가 의외로 많지 않다. 기술 강점을 가지고 출발했더라도, 실제 시장이 가진 문제와 기술의 가치를 엮어내는 과정이 반드시 필요하다. 기술은 실험실에서 완성되는 것이 아니라, 결국 시장과 접점을 찾아가는 과정에서 완성되기 때문이다. 이 책을 통해 창업가들이 시장 수요에 맞게 기술의 '적합성'을 끌어올릴 방법을 고민해보았으면 한다.

_**이용관**(테크 스타트업 액셀러레이터 '블루포인트파트너스' 대표)

'지식과 경험'은 창업가가 갖춰야 할 중요한 덕목이다. 제주와 서울에서 액셀러레이터로 활동한 저자는 스타트업의 문제를 함께 고민하고 해결하면서 풍부한 지식과 경험을 쌓았다. 저자가 겪은 스타트업의 다양한 성장 스토리가 이 책에 녹아 있다. 창업을 준비하는 사람들이 미래 여행을 할 수 있는 멋진 책이다.

_**이태훈**(서울산업진흥원 창업본부장)

지역에 투자할 기업이 없다고 아쉬워하는 투자자들이 많다. 그런데 제주만은 예외다. 그 이유가 무엇일까? 저자는 제주창조경제혁신센터의 창업허브팀을 맡았을 때 보육 기업의 IR 교육 체계를 잡고, 시드머니 투자 사업을 시작했다. 덕분에 제주의 기업들은 투자자들에게 자신의 사업을 명확히 설명할 수 있게 되었고 제주의 스타트업과 투자 생태계가 커나갈 수 있었다. 최근 제주 출신의 스타트업들이 주목받는 비결이 이 책에 담겨 있다.

_**전정환**(전 제주창조경제혁신센터장, 《밀레니얼의 반격》 저자)

직장을 다니면서 창업을 준비하고 있는 사람들에게 추천하고 싶은 책이다. 창업 과정에서 누구나 겪는 일을 이 책을 통해 간접 경험할 수 있기 때문이다. 창업을 시작한 사람이라면 실수와 교정의 시간을 줄이고, 사업의 본질에 집중할 수 있는 시간을 늘릴 수 있을 것이라 판단된다. 당신이 창업 초기에 이 책을 접한 것은 큰 행운이다. 현실에 안주하지 않고 자신의 꿈을 향해 한 발 한 발 내딛는 모든 이들에게 추천한다.

_**정현욱**(글로벌 스타트업 미디어 플랫폼 '비석세스' 대표)

10년 전만 해도 '스타트업'은 생소한 단어였다. 그러나 지금 우리는 일상에서 다양한 스타트업의 서비스를 이용하고 있다. 무료 모바일 메신저 '카카오톡', 주문 배달 앱 '배달의 민족'…. 조금 더 나은 세상에 살고 싶은 마음들이 모여 창업으로 이어지고 그렇게 탄생한 스타트업들이 우리의 생활을 바꾸고 있다. 유니콘을 꿈꾸는 예비 창업가, 스타트업 세계에 입문하고 싶은 이들은 이 책을 통해 용기를 얻을 수 있을 것이다. 새로운 기술과 비즈니스 트렌드를 이해하고 스타트업 생태계에 대해 공부하고 싶은 독자에게도 추천한다.

_조상래(스타트업 전문미디어 '플래텀' 대표)

창업가가 창업을 결심하게 되는 찰나를 나는 '마법의 시간'이라고 말한다. 자신의 경험을 바탕으로 문제의 원인과 구조를 이해하고 창업을 결심하게 되는 그 시점, 당사자성이 문제 해결과 연결되는 그 시점부터 세상은 변하기 때문이다.
창업가가 문제를 내재화시키는 시간이 길고 깊을수록 마라톤과 같은 긴 창업의 여정을 버텨낼 가능성이 높아진다. 이 책을 통해, 자신의 문제에서 시작한 아이디어를 다수의 문제로 확장시키고, 이에 대한 해결책을 찾고, 지속 가능한 비즈니스로 발전시켜나가는 창업가들의 마법과 같은 여정을 들여다보길 권한다.

_한상엽(임팩트 액셀러레이터 '소풍벤처스' 대표)

"인생은 길고, 정년은 짧다" 이런 시대에 창업은 누구나, 언젠가는 해야 하는 또 하나의 인생 과정이 되었다. 누구나 창업의 유전자를 갖고 있다고 믿는다. 이 책이 당신 안에 숨어 있던 창업 유전자를 깨우길 기대한다.

_한정화(전 아산나눔재단 이사장, 전 중소기업청장)

일러두기

영화, 잡지 등은 홑화살괄호(〈〉)로, 단행본 등은 겹화살괄호(《》)로 표기했습니다.

창업을 시작하기 전에 반드시 해봐야 할 7가지 생각들

직장은 다니고 있지만 내 일이 하고 싶습니다

박지영 지음

ㄱㄱㄴㄱ

스타트업 투자자가 정리한
꼭 알아야 할 용어 체크리스트

□	데스 밸리 Death Valley	스타트업이 초기 투자 받은 자금을 다 써서 극심한 자금난에 시달리는, 소득은 없고 지출만 있는 시기. 죽음의 계곡이라는 뜻으로, 미국 캘리포니아 남동부 건조한 분지 지역의 이름에서 따왔다.
□	VC Venture Capital	벤처 캐피털. 잠재력이 있는 벤처 기업에 자금을 대고 경영과 기술 지도 등을 종합적으로 지원하여 높은 자본이득을 추구하는 금융자본.
□	스타트업 Start-up	혁신적인 기술과 아이디어를 보유한 설립한 지 오래되지 않은 신생 기업. 현재의 가치보다는 미래의 가치로 평가받는다는 점에서 기존 기업과 구분된다.
□	스케일업 Scale-up	규모를 확장하는 것. 빠르게 성장하는 스타트업을 가리키기도 한다.
□	시드머니 Seed Money	종잣돈. 수익이 발생하거나 다음 투자를 받기 전까지 기업을 유지하기 위해 필요하다.
□	시드라운드 Seed Round	스타트업이 아이템을 구체화하여 개발하는 단계. 가능성을 확인하고자 액셀러레이터 등이 1억~20억 원 정도 투자한다.
□	시리즈A Series A	정식 제품 출시를 위해 마케팅, 비즈니스 모델을 구현하고 실현하는 단계. VC 등이 20억~150억 원 규모의 투자를 한다.
□	시리즈B Series B	안정된 비즈니스 모델을 마련하여 수익성을 높이는 단계. 시리즈A의 후속 투자로 70억~100억 원 규모의 투자금을 받는다.
□	시리즈C Series C	성공적이고 안정적인 비즈니스 모델을 구축한 단계. 건강한 수익 구조를 만들고, 비즈니스 확장을 논의한다. 여러 투자자들로부터 수십~수천억 원의 투자를 받는다.

□	IR Investor Relations	투자자들에게 기업의 정보를 알리는 문서. 보통 홍보, 투자 유치를 위한 기업 설명 활동을 통칭하기도 한다.
□	IPO Initial Public Offering	기업 공개. 비상장 기업이 유가증권시장이나 코스닥 시장에 상장하기 위해 자사의 주식과 경영 내용을 공개하는 것.
□	액셀러레이터 Accelerator	스타트업이 빠르게 정상 궤도에 오를 수 있도록 자본과 네트워크, 멘토링 등을 제공하는 단체. 창업 아이디어나 아이템만 존재하는 단계의 신생 스타트업을 발굴해 업무 공간을 제공하고 마케팅, 홍보 등에 도움을 준다.
□	엔젤 투자 Angel investment	자금이 부족한 신생 벤처기업에 개인들이 돈을 모아 자금을 대고 주식으로 그 대가를 받는 투자 형태.
□	유니콘 기업 unicorn	기업 가치 10억 달러(1조 원) 이상, 설립한지 10년 이하의 스타트업. 최근 미국 실리콘밸리에서는 유니콘보다 열 배나 큰 데카콘(Decacorn, 초거대 스타트업)들이 등장하고 있다.
□	인큐베이팅 Incubating	예비 창업자나 신생 기업이 비즈니스를 할 수 있도록 기본적인 인프라, 법률, 회계, 자금, 인력, 홍보 등과 관련된 토털 서비스를 제공하는 것. 각계의 전문가들과 전략적인 제휴를 맺고 각종 전문 서비스를 지원한다.
□	임팩트 투자 Impact investment	스타트업이 수익을 창출하면서 동시에 사회적, 환경적으로 긍정적인 영향을 미칠 수 있도록 돕는 투자.
□	J커브 J-Curve	스타트업의 기하급수 성장 곡선. 성장 그래프가 알파벳 J모양을 그린다고 하여 J커브라 불린다.
□	피버팅 Pivoting	시장의 상황이 바뀌거나, 성과가 저조할 때 기존에 가지고 있던 아이템을 바탕으로 기존의 사업 모델을 버리고 사업 방향을 전환하는 것.
□	피치덱 Pitch deck	투자자들로부터 투자를 유치하기 위해 회사의 비즈니스모델을 설명한 간결한 자료. 3~5분 내외로 발표할 수 있도록 10~15페이지 내외의 슬라이드로 구성한다.

프롤로그

2023년 봄날, 《창업가의 생각노트》 개정판을 출간하며 다시 한번 스타트업의 본질에 대해 생각해본다.

> '고객이 진짜 좋아하거나 절실하게 필요한 제품 또는 서비스를 만드는 것'

너무나도 간단하고 쉬워 보이지만, 실제로 구현해 내는 것은 결코 쉽지 않다는 것을 알게 되었다. 《창업가의 생각 노트》를 출간했던 2020년 여름과 지금, 3년 남짓 한 시간 동안 나에게는 한 가지 큰 변화가 있었다. 바로 창업을 직접 해본 것이다. 제주창조경제혁신센터와 아산나눔재단 스타트업센터에서 스타트업들을 육성하고 시드머니(Seed Money)를 투자하는 업무를 하며 수백 명의 창업가를 만나 얻은 인사이트와 간접 경험으로는 2% 부족하다고 느꼈던 것일까? 창업가들을 돕고 투자하는 일만으로도 충분히 의미 있다고 생각했던 나에게 갑자기 용기가 생겼다. '도전하지 않으면 후회할 것 같다'라는 생각이 강하게 드는 순간이 나에게도 찾아온 것이다.

2021년 1월부터 아이템을 기획하고 팀원들을 모아 베타테스트를 할 수 있는 앱을 출시했다. 그리고 정확히 15개월 만에 접었다.

'내 제품은 너무 멋진데, 왜 유저들이 늘지 않을까?'

앱을 '짠'하고 론칭하면 '확'하고 세상이 바뀔 줄 알았는데 현실은 그렇지 않았다. 1년간 너무 내 아이템에 빠져 신나게 서비스를 기획하고 덜컥 앱을 만들어버린 것이다. 고객 테스트를 하기도 전에 여러 가지 기능이 탑재된 앱을 출시한 것이 실패의 원인이었다.

시장 테스트 결과를 보고 아이템을 바로 포기할 생각은 아니었다. 서비스 기획을 변경하거나 타깃 고객을 재설정하는 등의 피버팅이 필요하다고 생각했다. 그러나 당시 회사를 다니면서 파트타임으로 참여한 팀원들이 많았고 우리에게는 한 번 더 열정을 쏟을 정도의 확신이 없었다. '아이템'만큼 '팀 역량'이 중요하다는 것을 글이 아닌 경험으로 깨닫게 되는 순간이었다.

설상가상으로 온·오프라인을 연결하는 소셜 플랫폼을 기획했던 나에게 '코로나19'가 2년 이상 장기화되는 시나리오에 없던 일이 실제로 펼쳐졌다. '시장은 현재진행형'이라고 인지하고 있었지만 이 정도로 세상이 바뀌는 이벤트가 발생하리라고는 상상도 못했다.

스타트업 투자자로서 수백 명의 창업가를 만나며 많은 간접 경험을 했다고 생각했으나 직접 창업가가 되자 나도 흔들렸다. 고객 테스트 없이 출시한 앱은 확신을 불안으로 바꿨고, 이는 곧 팀원들의 원동력을 잃게 했다. 그리고 코로나라는 예기치 못한 상황이 발생했을 때 직격탄을 맞을 수밖에 없었다.

기회가 언제 찾아올지 모르듯, 위기도 언제 찾아올지 모른다. 기회를 잡고, 위기에 대처하기 위해서는 창업가가 자신의 생각을 잘 정리해 둘 필요가 있음을 절실히 느꼈다. 중요한 건 흔들리지 않을 확신을 만들어줄 탄탄한 사업계획서였다.

일반 기업에 다니는 직장인들이 내부 임원진으로부터 의

사결정을 받기 위해 작성하는 사업 계획서와 달리, 인지도가 없고 많은 이들의 도움을 받아야 하는 스타트업에게 사업 계획서는 '생명줄'이라고 할 정도로 중요하다. '스타트업 한 팀이 성공하기 위해서는 한 마을(Village) 사람들이 힘을 모아야 한다.'라고 말할 정도로 초기 스타트업에게는 다양한 사람들의 도움과 협업이 필요하기 때문이다.

새로운 멤버를 영입할 때, 엔젤 투자자나 벤처 캐피털로부터 투자를 유치할 때, 다른 회사들과 파트너십 구축을 통해 시너지를 내고 싶을 때 등 수많은 사람들을 만나 설득해야 기회를 잡을 수 있기 때문에 상대를 완벽히 설득할 준비가 되어 있어야 한다.

이를 위해 사업 계획서를 작성하는 과정을 통해 스스로를 객관적으로 점검하는 시간을 가져보라고 말해주고 싶다. 타인을 설득하는 것보다 우선시되어야 할 것은 '나 스스로가 이 사업에 대한 확신을 가지고 있는가?'이다. 내가 가진 확신이 설득력이 되어 팀원들을 움직이고, 팀의 원동력은 곧 신뢰가 되어 투자자를 설득할 수 있는 확률을 높일 수 있기 때문이다.

스타트업에는 정답이 없지만 다른 사람의 경험이 힌트가 될 수 있을 거라 믿는다. 이 책에 담긴 다른 창업가들의 이야기를 통해 문제 인식부터 해결책, 시장 잠재력, 비즈니스 모델, 경쟁 우위, 성장 전략, 팀 역량과 미션까지, 흐름을 따라가며 가능성을 확신으로 바꿔 나갈 수 있길 바란다.

'어떻게 하면 창업가들에게 도움을 줄 수 있을까?'하는 고민에서 시작된 개인 프로젝트는 몇 년의 시간을 거쳐 '이렇게 하면 당신의 비즈니스를 매력적으로 어필할 수 있습니다'라고 정리된 한 권의 책이 되었다. 그리고 또 다른 도전이었던 창업 경험을 돌이켜보며 스타트업의 본질로 돌아가 '창업을 고민 중이라면 이렇게 아이디어를 점검해보세요'라고 정리된 새로운 책이 되었다.

《창업가의 생각노트》에 글로 나열했던 다양한 케이스들을 직접 경험했을 때 생각보다 많이 힘들었다. 돌이켜보면 직장인으로만 살았던 나로서는 처음 겪게 된 일들이라 다른 예비창업가들보다 간접 경험이 훨씬 많았음에도 불구하고 두려운 마음이 작아지지 않았다. 하지만 힘들었던 만큼 스타트업의 본질에 대해 제대로 배울 수 있는 시간이기도 했다.

개정판을 출간하는 지금은 더 확신을 가지고 말할 수 있다.

"꼭 도전하고 싶은 아이템이 있다면 창업을 하는 것이 좋다."라고 말이다.

기꺼이 자신들의 경험을 나눠준 창업지원기관, 액셀러레이터, VC 업계 분들에게 감사의 마음을, 남들이 가지 않은 길을 택한 창업가들에게 응원을 보낸다.

저자 박지영

CONTENTS

2 검증되지 않은 솔루션은 하나의 가능성에 불과하다

3 시장의 흐름을 읽은 사람이 기회를 잡는다

4 지속적으로 돈을 버는 방법 '남다른 무언가'

5 우위를 결정하는 차별화라는 무기

1

문제 인식

Problem

성공한 창업가는 물음표에서 시작한다

Problem

고객의 불편함을 문제로 규정하다

>> A에서 시작해 Z까지 확장시킨 마이리얼트립

고객의 목소리에 귀 기울여 문제를 찾다

>> 테이프 없는 택배박스로 세상을 바꾸는 에코라이프패키징

문제는 기술혁신이 아닌 고객을 중심으로 해결된다

>> 기술혁신 없이 라이프 스타일을 바꾼 스타벅스

문제를 3자 측면에서 바라보다

>> 의사와 환자, 병원까지 만족시킨 케이메디시스

문제를 재정의해 숨겨진 고객을 만족시키다

>> 헌집 줄게 새집 다오, 다자요

가장 전달력 있는 이야기는 우리의 이야기다

>> 여자친구의 말 한 마디에서 시작된 가치 교환, 이베이

누구나 공감할 이야기로 필요성을 보여주다

>> 내 손안의 미술관을 보여주는 디프트

Problem

'문제(Problem)'가 환영받는 새로운 시대가 도래했다. 유튜브 창업자 스티브 첸은 "카페나 식당에 가보면 문제를 해결하려고 온 사람들이 가득해요. 아주 몸이 근질근질하죠. 다른 지역에서도 그런 사람들이 자꾸 모여들고 있어요."라고 실리콘밸리의 창업 문화를 소개했다. 스타트업을 시작하는 사람들에게는 "일상생활 속에서 무언가 큰 문제를 발견한 순간이, 곧 새로운 비즈니스 아이템을 시작할 수 있는 기회"라는 의미로 와닿을 것 같다.

그러나 창업을 시작하기 전에 새겨야 하는 태도가 있다. 역지사지, '내 입장이 아니라 고객 입장에서 생각하기'다. 가끔 열정적인 스타트업 대표들이 마치 절벽에 선 것 같은 위기에 처하는 순간이 있다. 바로 고객을 바라보지 않을 때이다. 모든 문제의 답은 시장에 있다.

한 가지 아이템을 결정하면 어떤 솔루션을 제공할 것인지, 어떤 사용자 경험(UX, User Experience)이 사용자 관점에서 편리할 것인지 등 다양한 관점에서 고민을 하고 시간을 보낼 것이다. 이렇게 디테일한 고민을 하기 전에 근본적인 질문을 던져야 한다. "이것이 진짜 크고 중요한 문제인가?" 고객이 가지고 있는 문제가 크고 명확할수록 괜찮은 비즈니스가 될 확률이 높다. 나의 소중한 아이템이 다음 3가지 조건을 충족하는지 냉정히 돌아보자.

1. 고객들에게 큰 문제점이 존재한다.
2. 잠재고객군, 즉 시장이 성장하고 있다.
3. 이 문제를 해결함으로써 직접적으로 제품을 사용하는 최종 고객(End-user)뿐만 아니라 공급자, 서비스 효익자가 존재한다. 즉 지속 가능한 비즈니스가 될 것이다.

내가 아닌,
고객의 불편함에서
시작하라

Problem

고객의 불편함을 문제로 규정하다

A에서 시작해 Z까지 확장시킨

마이리얼트립

'여행 관련 상품은 하나투어, 모두투어 등 이미 대기업이 진출해 있어 경쟁이 치열한 영역이라 사업 기회가 없을 것이다.'라고 생각할 수 있지만, 고객의 입장에서 불편함, 해결되지 않는 문제점들을 고민해보면 여전히 사업 기회가 존재한다.

현지 가이드 투어 서비스로 시작해 항공, 숙박, 현지 교통, 현지 경험 등 여행과 관련된 모든 분야로 서비스를 확장해나가고 있는 스타트업 '마이리얼트립(my real trip)'의 이동건 대표는 현지 체험을 원하는 여행자들의 입장에서 문제점을 도출했다. 항공과 숙박을 판매하고 안내하는 다양한 플랫폼들이 있지만, 현지인만 아는 맛집 투어, 야경 투어 등 로컬 관광 상품에 대해서는 정보가 현저히 부족하고, 알고 있다 하더라도 체험하는 것이 어렵다는 고객의 불편함이 존재하고 있었다.

이렇게 여행객들이 실제로 여행 준비를 하며 생기는 문제를 발견하고 규정하는 것으로부터 사업 기획이 시작된다. 이러한 문제 인식의 배경에는, 저비용 항공사가 늘어나고 최근 소비를 주도하는 젊은 세대들이 패키지여행보다는 자유여행을 선호하면서 자신만의 여행 계획을 세우고 싶어 하는 주체적인 여행객들이 증가하고 있다는 시장 환경이 있다. 자유여행의 기회가 늘어나 시장이 커지고 있음에도 불구하고, 여행업계의 서비스는 이에 맞게 개선되고 있지 않았던 것이다. 문제점은 존재하나, 이에 대한 서비스를 제대로 제공하는 경쟁사가 없기 때문에 성공 가능성이 높은 서비스였다.

마이리얼트립은 여기에 더하여 서비스의 공급자와 사용자 양측을 모두 만족시키는 서비스를 구상했다. 여행지에서 현지인 같은 체험을 원하는 고객 모두에게 일일이 적합한 상품을 선별하여 제공할 수 있을까? 몇 개 나라는 가능할지 몰라도 전 세계 여행지에서 다양한 체험 상품을 제공하기는 쉽지 않을 것이다. 그래서

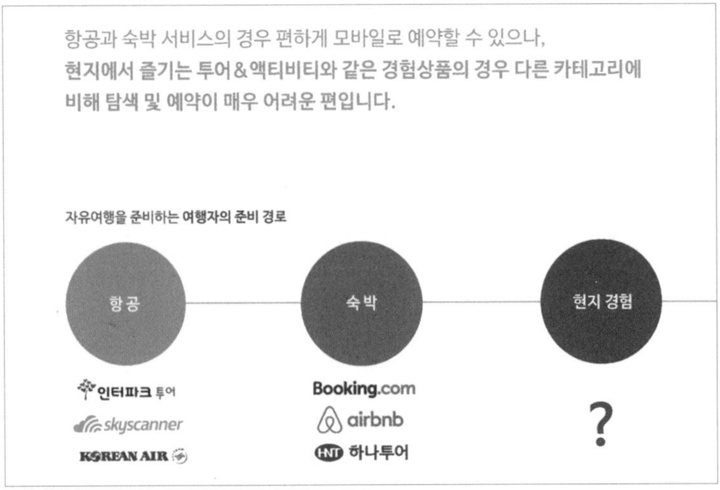
항공과 숙박 서비스의 경우 편하게 모바일로 예약할 수 있으나,
현지에서 즐기는 투어&액티비티와 같은 경험상품의 경우 다른 카테고리에 비해 탐색 및 예약이 매우 어려운 편입니다.
자유여행을 준비하는 **여행자의 준비 경로**
항공
숙박
현지 경험
인터파크 투어
skyscanner
KOREAN AIR
Booking.com
airbnb
하나투어
?

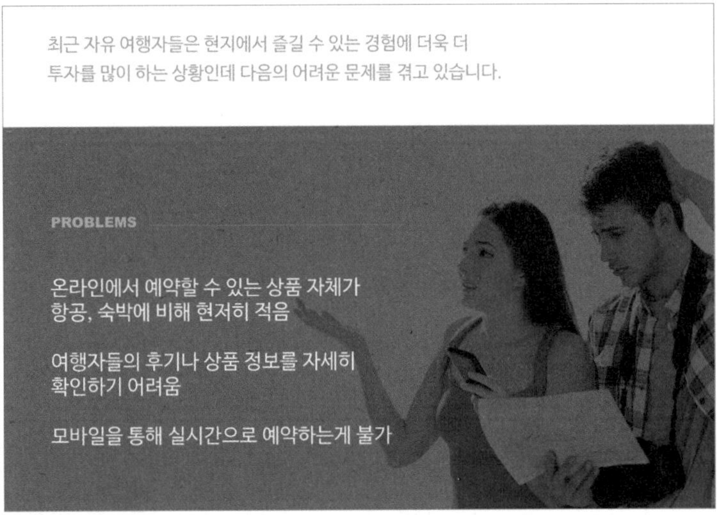
최근 자유 여행자들은 현지에서 즐길 수 있는 경험에 더욱 더 투자를 많이 하는 상황인데 다음의 어려운 문제를 겪고 있습니다.
PROBLEMS
온라인에서 예약할 수 있는 상품 자체가 항공, 숙박에 비해 현저히 적음
여행자들의 후기나 상품 정보를 자세히 확인하기 어려움
모바일을 통해 실시간으로 예약하는게 불가

Problem

마이리얼트립에서
해결하고자 한 문제들

마이리얼트립은 현지인 가이드 매칭 서비스를 도입했다.

이 서비스는 이동건 대표의 독일 유학시절 경험으로부터 탄생했다. 현지에서 유학생들이 한국 여행객들을 대상으로 여행 가이드 아르바이트를 하는 것을 보았고, 공급자와 수요자 상호 간의 니즈(Needs)가 있다는 것을 확인할 수 있었다고 한다. 이렇게 현지인 가이드를 연결해주는 서비스를 테스트해본 결과 예상했던 것 이상으로 서비스 공급자인 현지 가이드들의 만족도가 높았다.

"우리 동네를 소개하고 여행객들과 소통하면서 자부심을 느낄 수 있었어요."
"가이드로 활동해보니 금액적인 부분보다 새로운 사람과의 만남이 주는 긍정적인 효과가 더 컸습니다."

자유여행객의 불편함을 해결하기 위해 시작한 서비스였지만, 이 서비스를 공급할 현지인들의 아직 발견되지 않은 니즈(Unmet Needs, 미충족 수요)까지 해결해 준 것이다. 서비스 공급자들의 만족도가 높으니 다채롭고 재미있는 현지 관광 상품들이 늘어나고, 이 서비스를 이용한 고객들의 만족도가 높아지게 되었다. 선순환 구도를 만들고 나니 이용자 수가 급증했다. 스타트업들이 그토록 바라는 아름다운 성장 곡선 'J커브'가 그려지는 순간이었다.

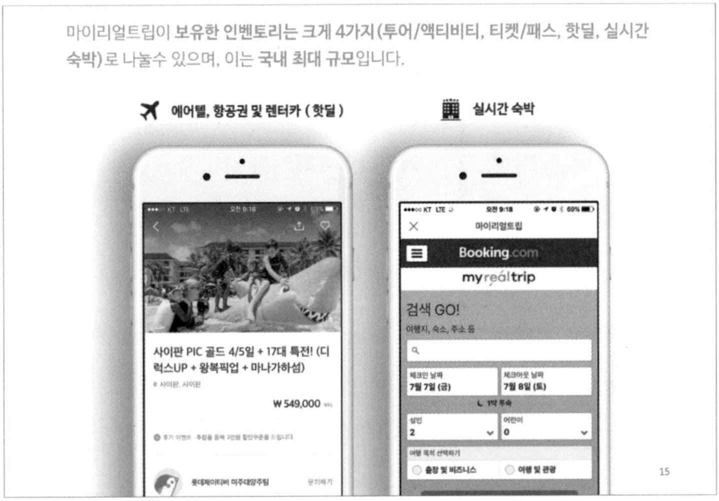

현지 투어를 시작으로 항공, 숙박까지
시장 확장에 성공한 마이리얼트립

최근 마이리얼트립은 항공권 예약 서비스에 이어, 해외 렌터카와 숙박 예약 서비스까지 도입했다. 고객은 편리하게 서비스를 이용하길 원한다. 여행을 준비하는 고객 입장에서는 하나의 플랫폼에서 항공, 숙박부터 가이드 투어까지 예약하는 것이 시간도 절약될 뿐만 아니라 훨씬 편리하다. 다른 항공 및 숙박 예약 플랫폼에는 없는 특별한 서비스를 제공하며 고객을 끌어모으고 나니 항공권과 숙박으로까지 시장을 확장할 수 있게 된 것이다. 글로벌 항공 및 숙박 예약 플랫폼인 '익스피디아'가 경쟁사라고 말한 이동건 대표의 비전이 현실이 되어가고 있음을 느낄 수 있었다.

고객의 목소리에 귀 기울여 문제를 찾다

테이프 없는 택배박스로 세상을 바꾸는

에코라이프패키징

'에코라이프패키징(Ecolife Packaging)'의 공동창업자 황금찬 이사는 택배사업을 12년 동안 해오며 꼭 해결하고 싶은 과제가 생겼다. 그것은 바로 '테이프 없는 택배상자'를 만들어 내는 것. 황 이사의 고객 중에는 하루에 수십 개 이상의 택배를 포장하여 배송해야 하는 온라인 쇼핑몰 운영자들이 많았다. 고객들과 자주 접하면서 "박스에 테이프 붙이느라 손목이 아파요.", "테이프 소리를 하루 종일 듣는 것이 괴로워요."라는 하소연을 많이 듣게 되었다. 포장이 완성된 택배를 배송하는 황 이사가 직접 경험해보지는 못했지만 수년간 고객들과 소통하다 보니, 택배를 포장하는 과정에서 테이프의 사용이 생각보다 큰 문제라는 것을 인식하게 된 것이다.

고객들이 겪는 불편한 문제점을 해결해주고 싶었던 황 이사는 테이프가 붙여진 택배박스를 매일 보며 해결책을 고민했고, 박스 설계의 혁신을 통해 이 커다란 문제점을 해결할 수 있을 것이라는 확신이 조금씩 들기 시작했다. 택배를 보내주는 회사뿐만 아니라 택배를 받는 일반 소비자들 관점으로 시야를 확장하니, 또 다른 문제점도 보이기 시작했다.

일주일에 적어도 1번 이상의 택배를 받는 소비자들은 택배를 받으면 우선 테이프를 제거한 후에 재활용해야 하는데 대부분 테이프를 100% 제거하지 않는다. 시간도 많이 걸리고 불편하기 때문이다. 결국 테이프가 완전히 제거되지 않은 상태로 모아진 택배박스들을 재활용하기 위해 추가 인력이 필요하게 되는 것이다.

택배박스에서 테이프가 제거된다면 많은 문제점이 해결될 것이라는 확신을 얻게 된 황 이사는 10년 이상 택배박스와 함께한 경험을 통해 새로운 박스설계를 구상했다. 그리고 이 아이디어를 실행할 수 있는 기계 메커니즘 전문 시뮬레이션 20년 경력을 보유

에코라이프패키징에서 해결하고자 한 문제점

한 황 이사의 동생, 황규찬 대표와 2018년 공동 창업했다.

친환경 글로벌 화장품 기업 L사에서는 택배박스 100%를 에코라이프패키징에서 구입할 정도로 혁신적인 기술성을 인정받았다. 무엇보다 실제로 택배 패키징 작업을 하는 직원들의 만족도가 제일 컸다. "포장 속도가 절반 이상 줄었고, 손목, 팔꿈치, 어깨 통증이 사라졌어요!", "테이프 소리가 없어 작업 환경이 정말 좋아졌습니다. 좋은 제품 개발해 주셔서 감사합니다."라는 고객들의 반응 덕분에 따로 영업활동을 하지 않아도 고객사가 하나, 둘 늘어갔다.

황 이사는 창업 이후에도 고객 입장에서 고민을 멈추지 않았다. 전통주를 구독하는 서비스 '술담화'의 니즈를 반영하여 한 박스에 전통주 3병이 들어갈 수 있는, 종이로만 제작되었지만 깨질 위험이 없는 택배박스를 개발했다. 이후 과일을 배송하는 사장님들도 시간을 아낄 수 있도록 박스 안에 스티로폼을 따로 넣을 필요 없는 종이로만 구성된 과일 전용 택배박스도 개발했다. 이렇게 에코라이프패키징은 택배박스의 '테이프 제거' 미션에서 시작하여 '탈 플라스틱 패키징 솔루션' 회사로 혁신을 이어나가고 있다.

문제는 기술혁신이 아닌 고객을 중심으로 해결된다

기술혁신 없이 라이프 스타일을 바꾼 **스타벅스**

창업가들에게 가장 중요한 사명은 바로 '가치 창출'이다. 다만, 잊지 말아야 할 것은 '가치'라는 것은 회사가 하는 일에 의해서가 아니라, 그 회사의 상품이나 서비스를 이용하는 고객에 의해서 정의된다는 것이다.

이 때문에 사업 계획서에는 회사가 제공하는 제품이나 서비스에 대한 소개가 아니라, '문제'가 먼저 나와야 한다. 그리고 이 문제는 잠재고객의 문제, 즉 '시장의 문제'여야 한다.

미국의 성공한 창업가이자 스타트업 멘토로 활동하는 애쉬 모리아는 책 《린 스타트업》에서 "최고의 리스크는 아무도 원하지 않는 제품을 만드는 것"이라고 전한다. 고객이 원하는 관점에서, 시장 환경과 경쟁사가 바뀌는 상황을 반영해서 사업 모델도 유연하게 바뀔 수 있어야 한다.

성공한 스타트업의 3분의 2는 도중에 계획을 변경했다고 한다. 시장 조사를 통해, 고객의 의견을 반영하여 사업 계획과 비즈니스 모델을 변경하는 것을 피버팅(Pivoting)이라고 한다. 이렇게 솔루션은 언제든지 변경할 수 있다. 고객과 시장 환경에 맞게 솔루션은 변하는 것이 당연하다. 그러나 시장의 문제점은 정확하게 파악하고 있어야 한다. 그래야 비즈니스의 중심이 흔들리지 않고, 이후의 다양한 시도들이 의미 있는 시간이 된다.

《블루오션 시프트》의 저자 김위찬 교수는 새로운 모빌리티로 한 때 주목 받았던 '세그웨이(Segway)'를 예로 들며 "성공적인 시장 창출 전략은 기술 혁신이 아닌, 가치 혁신으로부터 시작해야 한다."고 전한다.

세그웨이가 출시되었을 때 어느 평론가는 "불편한 진실은,

사업의 성패가 기술의 우수성에 따라 결정되는 경우는 별로 없다는 것이다."라고 지적했다. 세그웨이가 출시된 2001년 당시 이것이 기술 혁신으로 인해 탄생한 제품임을 누구나 알 수 있었다. 다만 어디 세워두기도 힘들었고, 자동차에 싣기도 곤란했으며, 버스나 지하철에 가지고 타기도 어려웠다. 인도로 다녀야 할지 차도로 다녀야 할지조차 헷갈린다는 것이 소비자들의 반응이었다.

이 모든 불편함을 감수하면서라도 기꺼이 4,000~5,000달러를 지출하는 사람은 소수의 얼리어답터뿐이었다. 결국 세그웨이가 오래 생존하기 위해 필요했던 것은 혁신적인 기술이 아니라, 보완적인 생태계였다는 결론을 내리게 된다.

혁신적인 제품 개발에 꼭 기술 혁신이 필요할까? 심지어 기술 혁신 없이도 새로운 가치를 창출해낸 사례가 있다.

세그웨이 사례를 통해
기술혁신이 곧 시장 창출로
이어지지 않는다는 것을 알 수 있다.

가장 대표적인 예가 '스타벅스'다. 스타벅스는 기존에 없던 새로운 기회를 포착해 사람들의 라이프스타일을 바꾼 기업이다.

아래 도식을 보면 개념이 명쾌해진다. 기존에는 일터와 집을 오가던 사람들이 스타벅스가 생긴 이후, 아침의 피곤함을 떨치러, 친구들을 만나러, 나만의 휴식 시간에 독서를 하러, 스타벅스를 들르게 되었다. 스타벅스는 '제3의 공간(The 3rd Place)'을 창조해낸 것이다. 스타벅스는 집과 직장만을 오가는 대부분 현대인의 삶에서, 리프레시 또는 자기 계발을 위한 제3의 공간이 없다는 문제점을 규정하고 이러한 공간을 만듦으로써 가치 혁신을 이뤄냈다.

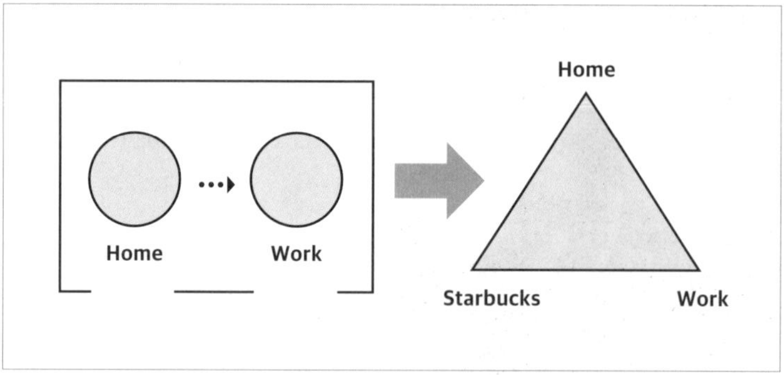

하워드 슐츠가 구상한
WORK-HOME-STARBUCK 삼각형 구도

가려진 제2, 제3의 고객까지 연결하라

Problem

문제를 3자 측면에서 바라보다

의사와 환자, 병원까지 만족시킨

케이메디시스

블루포인트파트너스 김정우 심사역은 초기 스타트업 투자검토를 할 때 '해당 시장의 목표 고객들로부터 커다란 문제를 찾아낸 기업인지'를 가장 중요하게 본다고 한다. 그는 좋은 팀이라면 이 문제에 대한 해결책을 반드시 찾아갈 것이라 믿는다. 처음 시도했던 솔루션이 시장 테스트 결과 적합하지 않았다고 하더라도 이후 얼마든지 변경해 나갈 수 있기 때문이다.

또 하나 중요한 것은 서비스 또는 제품에 대하여 공급자, 최종 사용자, 구매 결정 권한이 있는 의사 결정자가 있다고 정의하고 이 3자 측면에서 문제점을 정의하고, 이에 대한 솔루션을 제공하는가 여부이다.

최종 사용자는 해당 제품을 직접 공급하고 구매하지는 않더라도, 이 제품을 통해 효익을 보는 주체를 뜻한다. 예를 들어 영어교육 서비스의 경우, 구매자는 학부모이나, 최종 사용자는 학생이다. 학생은 영어 회화 실력이 향상되거나 시험 점수가 올라 실질적으로 이익을 얻게 되는 주체가 된다.

김 심사역이 시드머니를 투자하고 Tips과제(민간투자주도형 기술창업지원 사업)에 선정된 '케이메디시스'는 어깨 관절 내시경 수술을 위한 기술을 개발하는 스타트업이다. 이들의 문제 규정은 명확했다. 기존에 어깨 수술을 위해 사용했던 기술은 기술을 실제로 사용하는 주체이며 주요 의사결정자이기도 한 의사가 수술 부위에 접근하기 어렵고 수술 시간이 길다는 문제점이 있었다. 또 구매 의사결정에 영향을 주는 또 다른 주체인 병원 입장에서는 환자의 입원 기간이 길어 병상 회전율이 낮다는 문제점을, 실제로 효익을 보는 주체인 환자 입장에서는 회복 기간이 길고 수술 비용이 비싸다는 문제점을 가지고 있었다.

창업 초기 아이템을 평가할 때는 서비스 공급자와 구매자

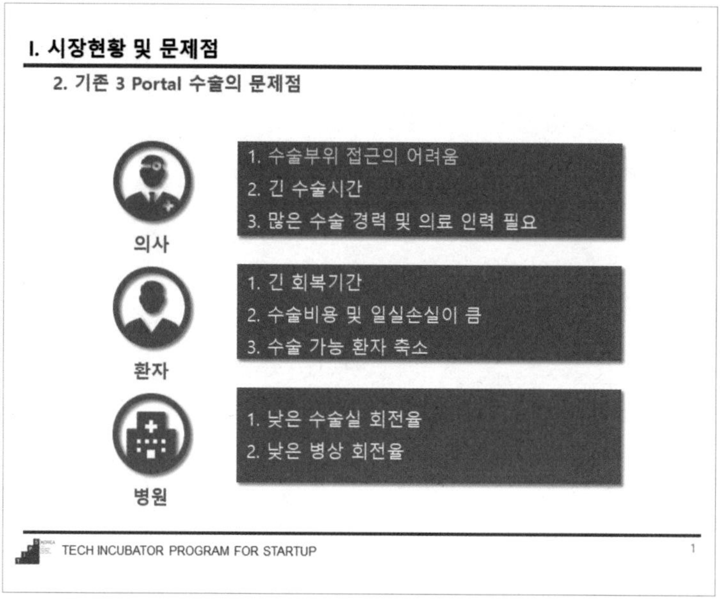

Problem

케이메디시스에서 찾아낸 문제점

모두의 문제점을 인지하고 시작해야 하며, 사업을 실행함에 있어서도 이를 간과해서는 안 된다.

문제를 재정의해 숨겨진 고객을 만족시키다

헌집 줄게 새집 다오,

다자요

제주도는 관광도시인 만큼 여행, 숙박 관련 스타트업들이 많다. 숙박 O2O (Online to Offline) 플랫폼 서비스 또한 큰 규모의 국내외 회사들이 이미 장악하고 있기에 스타트업이 진입하기는 쉽지 않은 시장이다.

'다자요'는 제주도 내 숙소를 추천하고 중개하는 플랫폼 서비스를 운영하고 있었다. 경쟁이 치열한 환경의 수많은 서비스들 중 하나였기에 크게 주목받지 못했고 사업 실적도 썩 뛰어나지 않았다. 그러던 '다자요'는 제주창조경제혁신센터의 시드머니 투자 첫 대상이 되었고, 크라우드펀딩까지 성공적으로 해냈다.

'다자요'에게 무슨 일이 일어난 걸까?

제주에서 태어났지만, 서울에서 10년간 사회생활을 한 후 다시 제주로 내려온 리턴족 남성준 대표는 '아무리 경쟁이 치열한 환경이라 하더라도 분명히 무엇인가 내가 해결할 문제가 있을 것이다.'라고 생각했다고 한다. 그렇게 제주도의 사회적 문제를 다시 한번 짚어보기로 했다.

그는 관광객들이 좋아하는 서귀포의 한적한 마을을 산책하

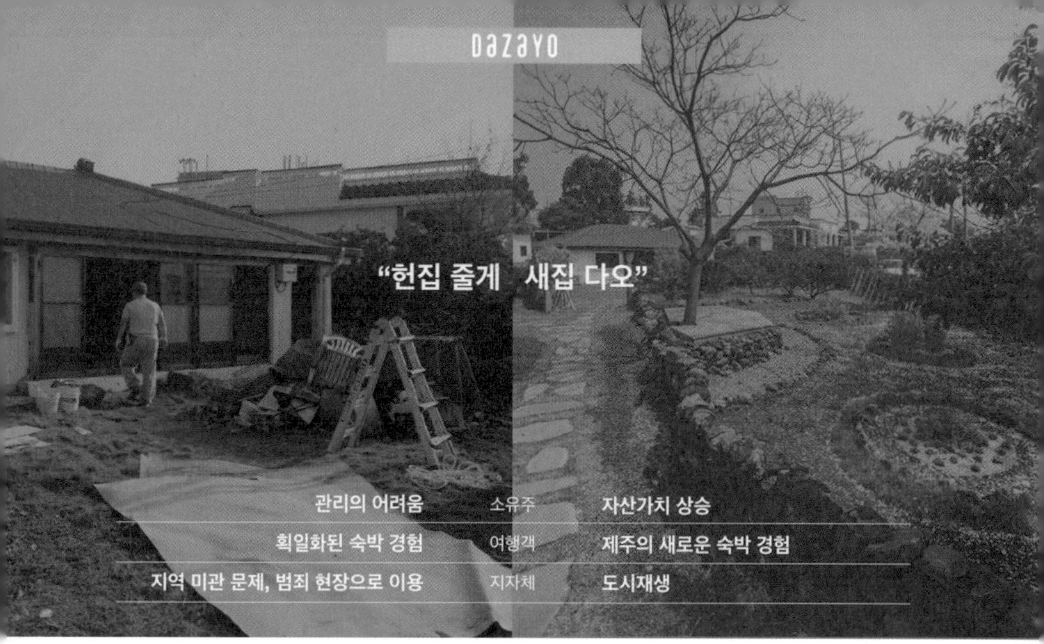

DAZAYO
"헌집 줄게 새집 다오"
관리의 어려움
소유주
자산가치 상승
획일화된 숙박 경험
여행객
제주의 새로운 숙박 경험
지역 미관 문제, 범죄 현장으로 이용
지자체
도시재생

던 중, 폐가가 꽤 많다는 것을 발견했다. 남 대표는 생각했다. '제주다움을 느낄 수 있는 마을에 빈집이 이렇게 많다니. 이 빈집이 관광객을 위한 숙박 시설로 이용된다면 빈집 소유주와 여행객들을 모두 만족시킬 수 있을 텐데!'

마침 다자요는 숙박 중개 플랫폼을 운영하면서 숙박 시설에 있어 무엇이 중요한지, 고객이 원하는 것이 무엇인지에 대한 데이터가 축적되어 직접 숙소를 운영할 수 있는 준비가 되어 있었다. 그는 '우리가 가장 잘할 수 있는 게 뭘까?'를 고민했고, 사업 초기에 축적된 노하우를 활용할 수 있으면서도, 제주도 숙박시장에서의 진짜 문제를 해결하는 것에 집중했다.

'그래, 빈집을 활용하여 새집을 만들자!' 이것이 빈집의 문제를 해결하는 '빈집 프로젝트'의 시작이었다.

이 일은 남 대표가 가장 잘할 수 있는 일이었다. 육지에서 다양한 경험을 하고 이를 제주도의 환경과 상황에 접목해 스타트업을 하는 이주민들이 많아지고 있다. 이들이 가장 먼저 만나는 장벽은 바로 외지인에게는 좀처럼 마음을 열지 않는 제주도의 '괸당 문화'이다. 그런데 제주도 출신인 남 대표는 고향의 인맥을 활용할 수 있었기에 빈집 문제 해결 프로젝트는 그의 장점이 발휘되는 좋은 아이템이었다.

피버팅은 제주도 숙박시장의 진짜 문제를 규정하는 것으로부터 시작되었다. 제주도의 숙박 시설 하면 게스트하우스, 저가호텔 등을 먼저 떠올린다. 이 시장은 이미 많은 기업과 개인들이 들어와 있어 경쟁이 치열했다. 빈집 프로젝트는 이들과는 다른 고객을 타깃으로 했다. 바로 '관광지가 아닌 진짜 제주를 경험하고 싶은 사람들'이었다.

제주도에 여행을 오는 관광객들은 숙박 시설을 단순히 잠을 자고 쉬는 용도로 이용하고 있었다. 하지만 국내 관광시장에도 '한 달 살기' 등 관광객처럼 머물다 가는 것이 아니라 현지인처럼 살아보기를 원하는 니즈가 커지고 있었다. 지역을 있는 그대로 느끼려면 지역 주민들이 살던 집에서 머물러야 한다. 그런데 이와 반대로 관광객 숫자가 커진다고 해서 주민들이 살던 집을 철거하고

Problem

다자요가 빈집 프로젝트를 통해
해결하고자 한 문제들

호텔을 짓는 등의 무분별한 개발은 '현지인처럼 살아보기'와는 거리가 먼 해결책이다. 최종 사용자인 관광객 또한 이에 대한 니즈가 있었음은 크라우드 펀딩을 통해 확인할 수 있었다.

다자요의 비즈니스 모델은 심플하다. "빈집을 건물주에게 공짜로 빌리고, 잘 고쳐서 여행객들에게 머물 곳을 제공하는 회사".

다자요의 비즈니스는 지속 가능할 것이라 예상한다. 사용자뿐만 아니라 제2, 제3의 고객들에게도 만족을 주면서 가치 혁신의 생태계를 만들고 있기 때문이다. 다자요의 서비스로 인해 효익을 얻는 제2의 고객은 방치된 부동산의 가치가 높아져 경제적인 이익을 얻는 '빈집 소유주'다.

무관심할 줄만 알았던 제3자에게도 효익을 가져다주었다. 제3자는 바로 공무원이다. 마을의 문제를 해결함과 동시에 지역재생을 통한 관광객 유입의 효과까지 가져오니, 지역 공무원들도 관심을 가지고 이 프로젝트를 응원하고 있다.

보이지 않는 문제를 해결하는 스타트업은 좋은 스토리를 만들고, 이 스토리는 날개를 달고 스스로 확산된다. 사회의 근본적인 이슈를 해결하는 다자요의 좋은 스토리를 응원하는 많은 언론사들은 팬을 자처하며 자발적으로 언론 홍보를 해주었고, 창업가인 남성준 대표는 빈집 문제를 겪고 있는 태백, 여수 등의 지역에서 러브콜을 받고 있다.

1 문제의 현상

• 서비스 사용자: 제주도를 오고 싶어 하는 관광객들은 많은데, 이를 위한 현지 정보 플랫폼이 부족하다.
• 서비스 공급자: 숙박 시설이 꾸준히 증가하여 저가 호텔과 게스트하우스는 가격 경쟁이 치열하다.

2 문제의 본질

• 서비스 사용자: 관광객은 진짜 제주도를 느낄 수 있는 공간에 머물고 싶어 한다. 현지인처럼 살아보고 싶다.
• 서비스 공급자: 제주도에 집을 소유하고 있지만 가족, 일자리 문제로 타지역에 살고 있다. 빈집을 활용하고 싶지만 숙박 시설 운영 경험도 없을 뿐만 아니라 시간이 없다.

>> 이렇게 눈에 보이는 문제의 현상에서 눈에 보이지 않았던 문제의 본질을 발견하게 된 순간, 매력적인 비즈니스 아이템이 되어 많은 이들에게 환영받게 되었다.

문제는 고객의, 고객에 의한, 고객을 위한 이야기로 풀어내라

가장 전달력 있는 이야기는 우리의 이야기다

여자친구의 말 한 마디에서 시작된 가치 교환,

이베이

<하버드 비즈니스 리뷰> 편집자였던 조안 마그레타는 "좋은 비즈니스 모델은 좋은 이야기"라고 말한다.

이야기는 가장 전해지기 쉬운 형태이고 기억에 오래 남는다. 스토리텔링으로 전달하면 이해하기 쉬울 뿐만 아니라 재미있기 때문이다. 사실은 정보를 제공하고, 스토리는 영향력을 미친다. 여기에서 '영향력'이란 상대방이 그 이야기에 공감하게 하여 생각

을 변화시키고, 이로 인해 행동에도 변화를 불러일으키는 것을 말한다. 그래서 고객을 설득하고 영향력을 미치기 위해 스토리텔링 기법을 활용하면 좋다.

"누군가의 쓰레기가 나에게는 보물이 될 수 있다."라는 사고의 전환으로 유니콘 기업이 된 창업가가 있다. 바로 '이베이(eBay)'의 창업자 피에르 오미디야르의 이야기다. 피에르의 여자친구는 특정 캐릭터가 그려져 있는 과자 통을 모으는 취미가 있었다. 그녀는 '누군가는 과자를 먹고 케이스를 그냥 버릴 테지. 그 쓰레기를 나에게 팔면 좋을 텐데.'라며 안타까워했다. 그리고 남자친구에게 "인터넷을 통해 다른 사람들과 수집품을 교환하는 방법이 있었으면 좋겠다."라고 지나가듯 말했다.

피에르는 나에게는 필요 없는 물건이 다른 누군가에게는 소중한 보물이 될 수 있다는 점에 깊이 공감했다. 그는 여자친구를 위해 특이한 수집품을 사고파는 작은 온라인 거래소를 만들었고, 이 사이트에 관한 소문이 퍼지면서 많은 수집가들이 여러 가지 다양한 물건들을 리스트에 올리기 시작했다.

사이트 이용자들이 희귀한 수집품을 선점하기 위해 가격 경쟁까지 벌이는 것을 보고 피에르는 온라인 경매 시스템을 도입했다. 그렇게 인터넷을 이용해, 전 세계 어디서나, 손쉽게, 특이한 물건을 팔고 싶은 사람과 그 물건을 사고 싶은 사람을 연결하는 서비스 이베이가 만들어졌다.

창업 스토리는 대부분 누구나 한 번쯤은 겪어봤을 이야기, 주변에서 흔히 일어날 법한 일로부터 시작한다. 그래서 누구나 쉽게 공감할 수 있다는 장점이 있다.

고객과 투자자에게 왜 우리의 서비스가 필요한지 설명할 때 스토리텔링 방식을 취하자. 명쾌하게 이해시킬 수 있을 뿐만 아니라, 동의와 지지까지 얻어낼 수 있을 것이다.

누구나 공감할 이야기로 필요성을 보여주다

내 손안의 미술관을 보여주는

디프트

소개팅에서 첫인상이 중요한 것처럼, 기업 소개서나 피칭에서도 처음 3분이 가장 중요하다. 오프닝 부분에서 주제와 청중의 니즈를 연결시키면 청중의 몰입도가 훨씬 높아진다. 보편적으로 누구나 한 번쯤은 느꼈을 만한 문제점에서부터 시작하면 청중과 효과적으로 공감대를 형성할 수 있다.

아티스트들의 갤러리를 나만의 미니 홈페이지처럼 구성하여 모바일과 웹에서 3D로 구현해주는 스타트업 '디프트(DIFT)'의

디프트는 그림 <천지창조>를 통해 비즈니스가
필요한 이유를 한눈에 보여줬다.

Problem

박치형 대표는 피칭 프레젠테이션의 오프닝을 미켈란젤로의 〈천지창조〉 그림으로 시작한다.

좋아하는 그림을 나만의 공간인 휴대폰, 웹사이트에 보관하고 싶지만 그림의 규격이 깨지는 등의 문제점에 봉착하는 이들이 많다. 작가 입장에서도 포트폴리오를 종이에 출력해 평면적으로 보여주기보다는 자신들의 작품을 최대한 생생하게 보여줄 수 있는 각도, 사이즈, 조명이 있는 디지털 갤러리가 필요하다. 청중들은 시스티나 성당의 거대한 벽화 사례를 통해 '언제 어디서나 남들에게 보여줄 수 있는 나만의 포트폴리오를 보관할 플랫폼이 왜 없을까?'라는 문제 의식에 공감하게 된다.

이 부분은 책 《나는 왜 이 일을 하는가?》에서 저자 사이먼 사이넥이 말한 'Start with Why'와도 맞닿아 있다. '왜'가 설득되어야만 그다음, 진짜 하고 싶은 이야기를 풀어나갈 수 있다. 디프트는 '이 비즈니스가 왜 필요할까요?'라는 질문을 던짐으로써 이어지는 내용에 집중할 수 있게 했다.

청중과 공감대를 형성한 뒤 '디프트는 이러한 문제에 대한 솔루션을 모바일과 웹에서 제공하는 서비스'라고 소개한다. 이렇게 목적성을 미리 밝히면 처음부터 기술의 우수성을 피력하는 것보다 훨씬 효과적으로 고객과 투자자를 설득할 수 있다.

《기획은 2형식이다》의 저자인 남충식은 '기획은 문제를 규정하는 것으로부터 시작된다.'고 말한다. 그는 기획을 'P=S'라고 간단히 규정한다. P는 'Problem'으로 문제 규정, S는 'Solution'으로 해결책을 의미한다. 그는 기획의 본질은 문제를 해결하는 것이라고 말한다. 기획의 본질인 P와 S는 스타트업의 기본이기도 하다.

저자는 문제를 찾는데 75%, 해결책을 찾는데 25%의 에너지를 할애하라고 조언한다. 기획에서 문제 규정을 잘하는 것이 중요하듯, 창업자에게도 문제 인식은 중요한 시작점이 된다.

문제 인식은 주변을 잘 관찰하는 것으로부터 시작된다. 주변에서 쉽게 발견될수록 많은 사람들의 공감을 얻을 수 있다고 생각하면 된다. 이렇게 문제의 본질을 찾아내어, 진짜 문제를 규정할 수 있는 기획의 단계가 창업의 첫걸음이다.

앞에서 예로 든 성장하고 있는 스타트업들은 모두 고객의 문제점을 해결하려는 목표에서부터 시작했다. 이들은 나아가 제공하는 서비스의 사용자뿐만 아니라, 서비스 공급자의 문제점까지 생각했기에, 시장 테스트를 통해 지속 가능한 비즈니스 모델을 정립해 나갈 수 있었다.

이들이 정의한 문제점들을 한마디로 정리해보자. 서비스 공급자를 A, 서비스 사용자를 B라고 한다면 다음과 같다.

1. 에어비엔비

- A: 장기불황이 지속되고 있는데, 부가수입이 필요하다.
- B: 여행 시 호텔 비용이 부담스러울 뿐만 아니라, 현지인과의 교류가 어렵다.

2. 마이리얼트립

- A: 해외에서 공부하는 유학생은 아르바이트 일거리가 필요하다. 현지 가이드로 활동해보니 사람들도 만나고 용돈도 벌 수 있어 일석이조였다. 그런데 가이드가 필요한 여행객을 만나기 어렵다.
- B: 여행지에서 다양하고 재미있는 체험을 하고 싶은데, 자유여행으로 갈 경우, 항공권과 숙박 이외에 여행지에

대한 정보가 부족하다.

3. 에코라이프패키징

• A: 택배 박스를 포장할 때 테이프를 붙여야 해서 힘이 많이 들고, 테이프 소음으로 인해 동료들에게 주는 피로감이 크다.

• B: 택배 박스를 뜯을 때 테이프를 벗겨내는 것이 불편하다. 재활용 분리수거를 위해 박스에 사용된 모든 테이프를 분리하는 것은 시간이 많이 걸린다.

4. 디프트

• A: 아티스트들이 자신의 작품을 보여 줄 수 있는 온라인 공간이 존재하나, 심미적인 감각을 보여주기 어렵다.

• B: 좋아하는 작가의 작품을 구입할 때 갤러리를 방문하기에는 불편한 경우가 많다. 전시가 열릴 때 찾아가거나, 큐레이터를 통해서만 가능한데 정보의 불균형이 존재한다.

설득력 있는 사업 계획서를 작성하려면, 문제로부터 시작해야 한다. 이 문제가 많은 사람들에게 불편함을 주는 심각한 문제일수록, 즉 'Big problem'일수록 성공 가능성이 높은 사업이 될 것이다. 스타트업을 시작하기 전에, 스스로 질문해보자. 해결하려는 문제가 나 아닌 다른 사람들에게도 'Big poblem'이며, '꼭 해결해야 하는' 시안인지를 말이다.

2

해결책

Solution

검증되지 않은 솔루션은 하나의 가능성에 불과하다

Solution

무엇보다 확실한 고객 검증, 땡큐레터

>> 9년 만에 이룬 '앱스토어 1위', 15초 만에 노래를 찾아내는 샤잠

가설은 고객 검증을 통해 비로소 솔루션이 된다

>> 확신까지 6개월이 필요했던 이유, 디프트

환영해줄 고객을 찾아 먼저 인정받아라

>> 농구선수를 위한 운동화가 일반인에게 퍼지기까지, 나이키

시장 반응을 확인할 수 있는 확실한 지표, 트랙션

>> 가장 효과적인 마케팅 비법, 초대권을 추적한 티킷

끝없는 가설과 검증으로 시장 적합성을 높이다

>> 세 번 찍어 나무를 넘어트린 캐치잇잉글리시

해결책에는 현장의 목소리가 담겨야 한다

>> 6개월 동안 지구 한 바퀴, 48,000km를 달린 핸디즈

우리 것이 가진 가치를 찾아 우리만의 길을 만들다

>> 당신을 춤추게 할 우리 사과로 만든 전통주, 댄싱사이더

새로운 가치를 부여할 때 새로운 길이 열린다

>> '개념 있는 젊은 도시인'이라는 프레임으로 힙스터를 저격한 집카

알리바바의 창업자 마윈은 여러 인터뷰에서 "직원 월급을 주기도 힘들었던 시절을 버틸 수 있었던 것은 중소기업 사장님들의 '땡큐 레터'였다."라고 말했다. 그는 앞이 보이지 않고 포기하고 싶을 때 알리바바를 이용한 사람들의 감사 편지를 받고 "이 일이 누군가에게는 확실히 도움이 되는 비즈니스구나"라고 확신했다고 한다. 중소기업 사장들이 일하기도 바쁠 텐데 시간을 내어, 일면식도 없는 마윈에게 감사의 이메일을 보냈다는 것은, 진심을 표현하고 싶었기 때문일 것이다.

솔루션은 조건과 상황에 따라 언제든 바뀔 수 있다. 중요한 것은, 현장을 가까이하고, 고객의 목소리에 귀 기울이는 만큼 사용자에게 기쁨을 주는 해결책을 찾을 수 있다는 점이다. 고객에게 받은 땡큐레터로 비즈니스에 대한 확신을 얻고 나아간 마윈처럼, 좋은 창업가라면 시장 검증을 반복하며 정답을 찾아갈 것이다.

지금은 편법이 통하지 않는 시대다. 필립 코틀러가 저서 《마켓4.0》에서 말했듯, TV 광고가 아닌 인터넷과 모바일을 통해 실시간으로 고객들의 목소리가 들려오고 있다.

문제에 대한 해결책을 찾는 창업자라면, 다음 3가지에 "예"라고 답할 수 있어야 한다.

1. 제공하려는 제품 또는 서비스를 원하는 고객이 존재하는가?
2. MVP를 통해 고객으로부터 땡큐레터를 받았거나, 내 서비스에 열광하는 사람이 생겼는가?
3. 고객들에게 '즐거움(Deilght)'이라는 가치를 제공하는가?

3가지를 체크했다면, 솔루션이 무엇인지(What), 솔루션을 어떻게 구현할 것인지(How), 왜 이 솔루션을 고객들이 이용해야 하는지(Why)에 대한 내용을 담아 사업 계획서를 작성할 수 있다. 여기에 고객으로부터 받은 반응과 땡큐레터를 추가하면 솔루션에 대한 설득력은 더욱 높아질 것이다.

놓치지 말아야 할 고객이 보낸 성공 시그널

Solution

무엇보다 확실한 고객 검증, 땡큐레터

9년 만에 이룬 '앱스토어 1위',

15초 만에 노래를 찾아내는

샤잠

분위기 좋은 카페에서 문득 취향에 맞는 음악을 들어본 적 있을 것이다. 이 음악을 지금 아닌 다음에 또 우연히 만날 기회가 있을까? 이 음악만큼 나를 기분 좋게 할 수 있는 음악을 또 만날 수 있을까? 놓치고 싶지 않은 음악을 들었을 때 이 음악이 어느 가수의 무슨 노래인지 주변에 물어본 경험이 있을 것이다.

샤잠 앱의 첫 페이지와 노래를 찾는 과정

이런 놓치고 싶지 않은 순간을 위해, 스마트폰 터치 한 번으로 어떤 노래인지 알려주는 마법 같은 서비스를 제공하는 회사가 있다. 바로 애플이 약 4천억 원에 인수한 스타트업 '샤잠(Shazam)'이다.

샤잠은 사전적 의미로 'Magical Experience', 즉 마법 같은 상황을 경험했을 때 나오는 감탄사 같은 의미를 지닌다. 창업자 크리스 바톤은 사업 초기에 벤처투자자로부터 "I don't see why anyone would ever use this!(그 누구도 이 서비스를 이용할 것 같지 않네요.)"라는 말을 들었다고 한다. 그러나 9년 후 '애플스토어 1위 앱'으로 선정되면서 그의 예측이 틀렸음을 증명할 수 있었다. 크리스는 투자자의 말을 잊지 않았다. 그의 말이 틀렸다는 것을 증명하기 위해 포기하지 않고 노력했고, 고객들로부터 검증이 되고 난 후에야 그 말을 했던 투자자에게 9년 만에 이메일을 보냈다고 한다.

샤잠을 창업한 크리스 바톤은 음악 전문가는 아니었다. 오히려 음악을 듣는 것은 좋아하지만 가수나 곡 이름을 잘 외우지 못하는 편이었다. 그는 평소에 좋은 음악을 발견할 때마다 노트에 곡 정보를 적어 자기만의 리스트를 만들었는데, 곡명이나 가수를 일일이 수소문해야 하고, 잊어버리기 전에 노트에 적어야 하는 등 불편함이 있었다.

크리스는 이 과정을 대신해 줄, 즉 새로운 방식으로 고객의

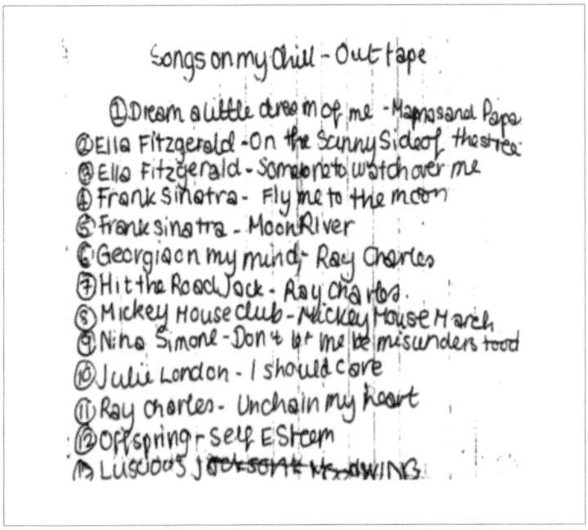

샤잠의 창업자 크리스 바톤이 일일이 손으로 작성했던 플레이리스트(왼쪽)와
샤잠 앱을 통해 자동으로 생성되는 플레이리스트(오른쪽)

시간과 노력을 아껴줄 서비스가 꼭 필요하다고 생각했고, 음악의 일부만 듣고도 곡명과 가수를 자동으로 검색해주며, 플레이리스트까지 생성하는 프로그램을 구상했다.

스마트폰이 출시되기 전 샤잠은 '2580번'으로 전화를 걸어 노래를 들려주면 노래 제목과 가수를 알려주는 서비스를 제공했다. 당시 투자자들은 그 어떤 누구도 지금 들리는 음악이 무엇인지 알고 싶어 지갑을 열 사람들은 없을 것이라며 샤잠 서비스를 비판했다. 하지만 크리스는 "Why I love Shazam.(내가 샤잠을 사랑하는 이

Why I love Shazam

De

I was a different person a week ago. Just one week ago, I had never heard of Shazam. If you don't know what I'm talking about, be prepared, because you're going to love it too.

Say you hear a song you like in a bar, a shop, on TV, wherever, but you don't know what it is: what do you do? Somehow it's never the right moment to accost a sales assistant and demand to see the stereo. Until last Friday, I would have just shrugged and gone about my business, with perhaps a fusty ponder on how anybody knows about

Fragrant Apex by Karburetta or whatever the thing's called.

Never again. Now, I reach for my mobile, call 2580

(that's all the buttons do the middle), let the pho have a good clear listen, and wait until the call e itself (about 30 seconds Moments later, I get a te telling me the name of t song, the artist and even which remix it is. Punch air. Feel good.

It won't do live or clas music (yet), or my singi (ever), but I still haven't found anything else it doesn't know, including the twiddly bits in jazz. If someone can think of better use of 60p, I'd lik to hear about it.

Shazam, how do I lov

'2580번' 전화를 통해 서비스를 제공했던
서비스 초기(스마트폰 출시 이전)에 독자가 보낸 편지

유)"이라는 땡큐레터를 받으면서 본인뿐만 아니라, 이 세상 다른 누군가에게도 꼭 필요한 서비스임을 확신할 수 있었다.

> "I was different person a week ago, Just one week ago, I had never heard of Shazam."
> 일주일 전까지만 해도 나는 전혀 다른 사람이었다. 그때의 나는 샤잠에 대해 들어보지 못했으니!

'샤잠이라는 서비스를 만나기 전까지 나는 다른 사람이었다.'라고 말할 정도로 강력한 팬이 나타난 것이다. 이 고객이 주변에 샤잠을 추천할 정도의 팬이 된 비결은 무엇일까? 크리스는 '샤잠이 고객에게 명확한 두 가지 가치를 주기 때문'이라고 답한다. 그는 문제의 해결책을 찾는 과정에서 수많은 시행착오를 겪으면서도 'Simplicity(단순함)'과 'Delight(기쁨)'이라는 두 가지를 고수했다.

샤잠이 서비스를 처음 시작할 당시, 시장에는 비슷한 서비스를 하는 경쟁사가 다수 있었다. 2000년대 초반에는 라디오에 나오고 있는 노래의 제목을 궁금해하는 고객이 많았다. 서비스 공급자 입장에서는 라디오 방송국의 선곡표를 보고 문의에 답하면 되므로 이런 고객에게는 비교적 쉽게 서비스를 제공할 수 있었다. 그래서 곡명 검색 서비스를 제공하는 다른 회사들은 문의 전화가 오면 “라디오에서 들은 노래인가요? 주파수를 말씀해주세요.”라고 먼저 묻는 단계를 거쳤다.

반면 샤잠은 노래를 들은 경로와 상관없이, 가장 단순한 방법으로 빠르게 알려주는 것이 우선이라고 생각했다. 그래서 음악을 15초 이상만 들려주면 바로 검색해낼 수 있는 서비스를 구현했고, UX(User Experience, 사용자 경험) 디자인도 가장 심플한 형태로 만들었다. 원하는 형태를 갖추기 위해 기술적으로 많은 시간과 돈이 들었지만, 고객 관점에서 편리함을 최우선으로 생각했기에 결국 경쟁사 대비 탁월한 경쟁력을 갖출 수 있었다.

이런 직관적인 방법은 고객에게 또 다른 가치를 제공했다. 바로 기쁨이다. 우연히 만난 취향에 맞는 노래를, 지금 순간을 기억하게 해줄 노래를, 새로운 영감을 준 노래를, 놓치고 싶지 않은 순간을 15초 만에 붙잡을 수 있게 해준 것이다. 나 또한 샤잠의 마법 같은 순간을 경험한 적이 있다. 지난가을 파리 출장에서 버스를 타고 가다 에펠탑을 보고 문득 지금과 어울리는 노래가 떠올랐다. 지난달 한 카페에서 샤잠으로 찾아본 노래였다. 샤잠이 있었기에, 에펠탑이 전해주는 감성과 어울리는 음악을 들으며, 달빛 아래에서 기쁨을 느낄 수 있었다. 샤잠이 추구해온 ‘Delight’라는 가치가 어떻게 구현되는지를 체감할 수 있는 순간이었다.

크리스는 좋아하는 음악을 듣고, 이를 찾게 되는 순간을

"Entry Moment(문에 입장하는 순간)"이라고 표현한다. 지금 들리는 이 음악이 어떤 곡인지 알게 되는 것으로 시작해 이 가수의 다른 음악을 듣거나 콘서트에 가는 등 다양한 서비스로 연계될 수 있다는 것이다.

크리스는 가지고 있던 개인적인 불편함을 안고 창업의 문을 열고 입장해 샤잠을 만들었고, 애플이 샤잠을 인수하여 샤잠으로 검색한 음악이 애플뮤직 내에 자동으로 리스트업되는 서비스까지 제공할 수 있게 되었으니 그의 상상은 18년 만에 현실이 된 셈이다.

가설은 고객 검증을 통해 비로소 솔루션이 된다

확신까지 6개월이 필요했던 이유,

디프트

투자자들을 설득하기 위해서는 실제 사용자들의 반응을 보여주는 것이 좋다. 이를 위해 사업 초기에 최대한 적은 비용으로, 최단 시간에 시장에서 직접 고객들로부터 피드백을 받는 것이 중요하다.

"오늘 엄청난 아이디어를 발견했어! 이렇게 하면 문제점이 해결될 것 같아."라고 만족할 만한 아이디어가 떠오른 적이 있을 것이다. 그러나 그 솔루션은 검증되기 전까지는 하나의 가설에 불과하다. 이 가설은 목표시장의 고객에 의하여 검증된 후에 비로소 진짜 해결책임을 입증할 수 있다.

창업팀에서 생각해낸 가설이 솔루션일 것이라고 이야기하는 것은 마치, 밤에만 생활하는 부엉이가 대낮의 햇빛에 대하여 이야기하는 것과 같다. 사업 개발은 창업자가 세운 가설을 고객들을 대상으로, 하나씩 검증해나가는 과정이어야 한다.

1장에서 소개했던 '디프트'가 제공하는 서비스의 경우 '과연 아티스트와 고객들이 이 서비스를 필요로 할까?'에 대한 시장 검증이 필요했다. 6개월간의 테스트 후에 세계에 이 서비스를 사랑하는 사람들이 생겨났고, 이에 박치형 대표는 확신을 가지고 서비스를 고도화하여 글로벌 마케팅을 준비 중이다.

처음부터 해결책을 찾은 스타트업은 많지 않다. 문제만 명확하다면 고객 테스트를 통해 가설을 검증하면서 해결책을 찾을 수 있다. 이 또한 재빠르게 움직일 수 있는 스타트업이 가장 잘할 수 있는 일이기도 하다. 이렇게 가설을 세우고 검증하고, 고객 피드백을 통해 다시 가설을 세우고 검증하는 과정을 '린 스타트업(Lean start up) 방식'이라고 한다. 이 린 스타트업 전략은 스탠포드 교수인 스티브 블랭크에 의해 창시되었고, 에릭 리스의 저서《린 스타트업》이 출간되면서 널리 알려졌다.

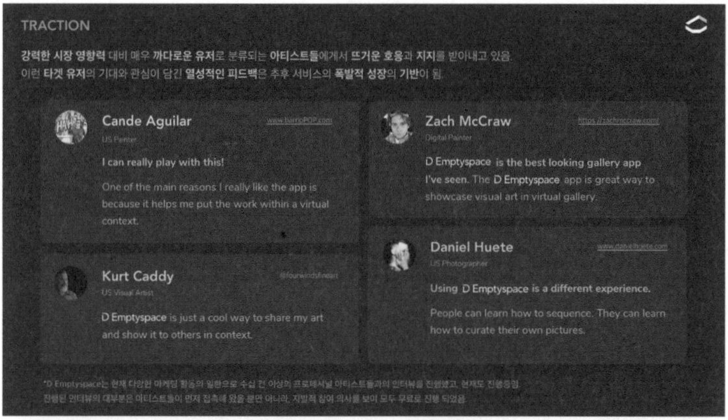

Solution

디프트의 MVP 검증 결과

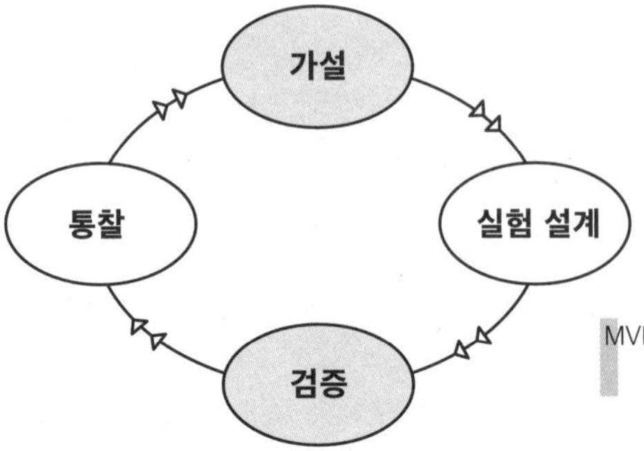

MVP 실험 설계 과정

가설 검증, 즉 고객 반응 확인을 위한 '최소기능을 가진 제품'을 MVP(Minimum Viable Product)라고 한다. 창업 아이디어가 있다면 무작정 투자자를 찾아 나서기보다 베타 버전의 웹사이트나 모바일 앱 또는 시제품 제작을 통해 목표시장의 고객 반응을 테스트한 후, 더 좋은 해결책을 마련하고 오류를 수정해나가야 한다.

스티브 블랭크는 그의 저서 《기업 창업가 매뉴얼》에서 "가설이 사실임을 확인하려면 창업가는 현장으로 나가 고객을 통해 검증해야 한다."고 말한다.

검증을 위해서는 신중한 테스트 계획과 설계가 필요하다. 이 과정을 '실험 설계'라고 한다. 실험을 통해 제품을 원하는 고객의 강한 신호와 열망을 찾는 게 목적이며, 이 과정은 빠르고 간단해야 한다. 만일 실험을 통해 우리 회사의 서비스를 경험한 고객이 "버그가 있더라도 나는 이 제품이 당장 필요해."라고 말한다면 매우 긍정적인 신호이다.

사업 초기에는 이 과정을 거치며 MVP를 통해 고객 반응을 빠르게 검증하는 실행력이 필요하다.

환영해줄 고객을 찾아 먼저 인정받아라

농구선수를 위한 운동화가 일반인에게 퍼지기까지,

나이키

Solution

아직까지 가설일 뿐인 나의 솔루션을 고객을 통해 검증해야 한다면, 나의 고객을 제대로 정의할 필요가 있다. 물론 언젠가는 대한민국 전체, 글로벌 시장까지 고객의 범위가 무한대로 확장할 수도 있을 것이다. 하지만 사업 초기에는 비즈니스의 베이스캠프(base camp)라 할 수 있는 '거점시장'이 필요하다.

나이키를 대표하는 상품군 중 '에어조던 시리즈'가 있다. 아직까지도 한정판 신제품을 출시하는 날에는 팬들이 밤을 새는 열정을 보여주는 제품이며, 한정판 신발을 사 웃돈을 주고 재판매하는 '슈테크(신발+재테크)'가 뜨며 인기가 더 높아진 전설적인 제품이다. 이 에어조던 시리즈의 아이디어도 문제점의 발견으로부터 시작되었다고 한다.

마이클 조던 같은 NBA 농구선수들은 점프를 많이 하는데, 뛰어오를 때마다 무릎에 부담이 가고 선수 생명이 짧아진다는 Pain Point(고민거리)가 있었다. '이 문제를 어떻게 해결할까?'라는 질문에 나이키는 신발의 밑창에 공기층을 넣음으로써 충격을 흡수하는 해결책을 강구하게 되었다. 이렇게 탄생한 에어조던 운동화는 첫 타깃인 농구선수들로부터 큰 환영을 받았다. 거점시장에서 성공적으로 팬층을 형성하자 운동을 좋아하는 일반인, 나아가 운동화가 필요한 일반인에게까지 빠르게 퍼져나갔고, 오랫동안 사랑받는 상품이 탄생했다.

이렇게 사업 초기에는 집중적으로 공략할 거점고객을 찾아야 한다. 볼링을 칠 때 한 개의 핀을 집중 공략함으로써 나머지 핀까지 넘어뜨리는 것을 떠올리면 쉽다. 미국의 비즈니스 컨설턴트 제프리 무어는 1990년대에 이것을 '볼링 앨리 전략'이라는 마케팅 이론으로 정리했는데, '새로운 서비스를 론칭할 때는 절실히 원하는 얼리어답터를 찾아 이들을 먼저 공략하라.'는 것이 핵심이다. 얼리어답터들은 신제품을 수용하기만 하면 스스로 다수의 사용자들에게 적극적으로 전파한다는 특징이 있다. 창업가들은 이들의 특성을 정의하고, 그것을 기준으로 빠르게 MVP를 만들어 테스트함으로써 비즈니스 가능성을 증명해냈다.

거점고객을 더 명확하고 구체적으로 정의하기 위해 '페르

페르소나
나이, 성별, 직업, 취미 등 특정 고객군을 묘사하는 것이 고객 분석에 도움이 된다.

소나(persona)'를 이용해보자. 페르소나는 목표 집단 안에 있는 다양한 사용자 유형을 대표하는 가상의 인물이다. 우리 제품을 좋아하고, 적극적으로 사용할 만한 가상의 고객을 한 명 상정하고, 그 인물의 프로필을 만들어보는 것이다. 프로필 안에는 성별, 직업, 나이, 라이프스타일, 사는 곳, 좋아하는 것, 평소에 느끼는 불편함, 가장 필요로 하는 것, 원하는 것 등이 포함된다.

불확실성을 검증하기 위한 끝없는 시도

시장 반응을 확인할 수 있는 확실한 지표, 트랙션

가장 효과적인 마케팅 비법, 초대권을 추적한

티킷

인도네시아의 유명 벤처 캐피털인 DNC(Discovery Nusantara Capital)의 파트너 헨리 위라나타는 "트랙션(Traction)이 있다면 가급적 그래프나 차트로 시각화하라."고 조언한다. 트랙션의 사전적 의미는 '자동차를 앞으로 진행시키는 힘, 견인력'이다. 스타트업에서는 초기 매출이나 세일즈 성과를 '트랙션'이라 부르는데, 이것이 곧 다음 단계로 나아갈 수 있는 힘이 되기 때문이다.

트랙션은 사업 초기에 우리 서비스가 고객으로부터 호의적인 반응을 얻고 있다는 지표이므로, 창업가와 팀에게는 비즈니스에 대한 확신과 동기부여를 준다. MVP 테스트를 통해 얻은 고객의 반응을 수치로 표현하고, 이를 그래프로 보여주면 효과적이다.

시장에서 통할지, 통하지 않을지는 누구도 예측할 수 없다. 객관적인 수치만이 이를 입증하는 유일한 방법이다. 사업 초기에 큰 수치를 달성할 수는 없지만, 그래프가 우상향하고 있다는 것은 성장하고 있다는 지표이기 때문에 무엇보다도 중요하다.

'티킷(Tikit)'은 실제로 10년간 공연을 기획, 운영한 정효섭 대표가 공연 기획자들의 문제점을 해결하기 위해 창업한 스타트업이다.

공연과 전시는 초기에 큰 광고비를 투입하기 어려운 경우가 많다. 정 대표는 직접 공연을 운영하며 초대권을 활용한 바이럴 마케팅이 가장 효과적이라는 것을 깨달았다. 공연에 다녀온 고객들의 추천은 신뢰도가 높고, 인플루언서 마케팅과 연계할 수도 있기 때문이다. 다만, 초대권이 누구에게 전해졌는지, 초대권을 받은 사람 중 몇 퍼센트나 실제로 공연장에 왔는지 확인하기 위해 수작업이 필요해 비효율이 존재했다.

정 대표는 이런 문제점에 대한 해결책으로 초대권 발급부터 사용까지 경로를 추적하고, 나아가 행사 홍보와 티켓 판매까지 촉진할 수 있는 서비스를 구상했다. 그가 론칭한 '티킷' 서비스는 종이

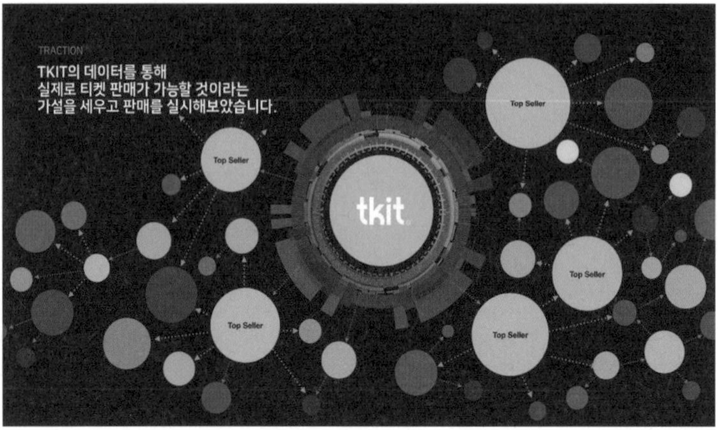

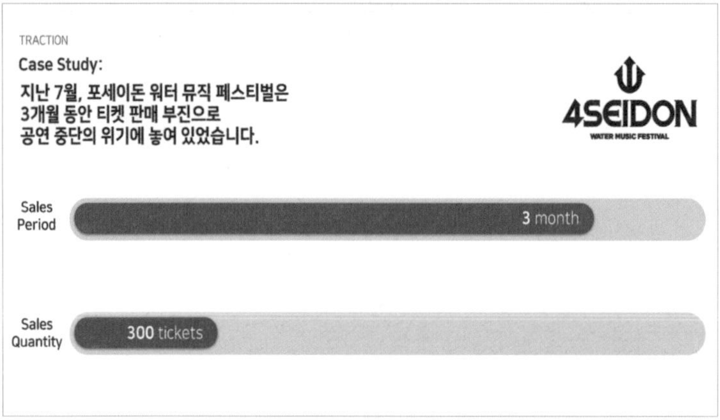

티킷이 가설을 세우고
MVP 실험을 설계한 과정

입장권을 없애고, 티켓 발권부터 전달, 입장까지 전 과정을 온라인으로 추적하고 관리할 수 있는 티켓팅 플랫폼이다.

정 대표는 '티킷 플랫폼을 통해 지인들을 초대하면 데이터 관리와 추적이 편리하기 때문에 단기간에 효율적으로 공연을 홍보할 수 있고, 바이럴 마케팅을 통해 티켓 판매량을 늘릴 수 있을 것이다.'라는 가설을 세웠다. 가설을 검증하기 위해 정 대표는 티켓 판매 부진으로 어려움을 겪고 있었던 '포세이돈 워터 뮤직 페스티벌' 이벤트에 적용해보았고, 2주 만에 티켓 판매를 완료하였다. MVP 테스트를 통해 시장 반응을 검증하는 동시에 비즈니스 모델까지 검증한 것이다.

트랙션으로 고객 수요가 있음을 입증했다면, 그 다음에는 '제품-시장 적합성(Product-Market Fit)'을 평가해봐야 한다. 미국 실리콘밸리의 엔젤투자자 션 엘리스는 제품-시장 적합성에 도달했는지 알아보기 위해, 사용자에게 다음과 같은 질문을 던져보라고 말한다.

"How would you feel if you could no longer use product?"
이 제품을 더 이상 쓸 수 없다면 어떨까요?

만약 "Very Disappointed.(매우 실망할 것이다.)"라는 답변을 40% 이상 받았다면 제품이 시장에서 의미 있는 성과를 내고 있다고 평가할 수 있다.

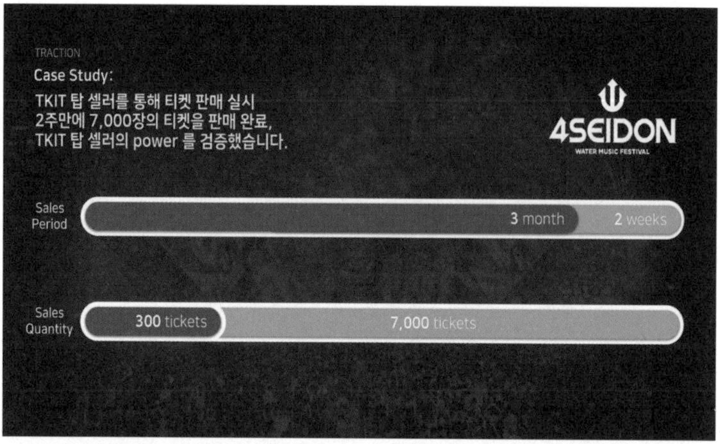

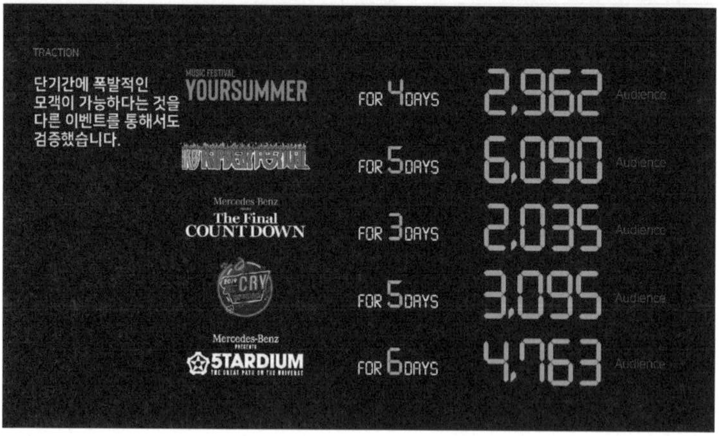

첫 실험에서 얻은 결과와 추가 실험을 통해 얻은
긍정적인 반응까지 보여줌으로써 트랙션을 입증했다.

제품-시장 적합성을 평가하기 위해 가장 많이 활용되는 지표는 '리텐션율(Retention Rate, 사용자 잔존율)'이다. 한두 번 사용하고 이탈하는 고객이 아니라, 계속해서 우리 서비스를 이용하고자 하는 고객이 얼마나 되는지 판단하는 과정으로, 수익 모델을 구상할 때도 꼭 필요하다. 리텐션율은 서비스나 제품에 따라 다르겠지만 보통 한 달간 실제로 서비스를 이용한 사용자 수(MAU, Monthly Active User), 매일 서비스를 이용하는 사용자 수(DAU, Daily Active User)를 지표로 활용한다.

끝없는 가설과 검증으로 시장 적합성을 높이다

세 번 찍어 나무를 넘어트린

캐치잇잉글리시

이렇게 고객을 팬으로 만드는 서비스를 제공하기 위해서는 어떤 과정이 필요할까? 디지털로 영어학습을 제공하는 '캐치잇잉글리시'의 사례로 알아보자.

캐치잇잉글리시의 제작사인 캐치잇플레이 최원규 대표는 창업하기 전에 게임 회사에서 개발자로 일했다. 회사에서 신규 사업으로 영어공부에 도움이 되는 기능성 게임을 개발하여 테스트하던 어느 날, 열이 나서 학교에 가지 못할 정도로 몸이 아팠던 초등학생이 회사로 찾아왔다고 한다. 이 초등학생에게는 몸이 아픈 것보다, 최 대표가 개발 중이었던 영어교육용 MMORPG를 테스트하고 싶은 마음이 컸던 것이다.

최 대표는 그 경험을 통해 '게임은 사람을 몰입하게 한다.'는 것을 깨달았고, '게임의 원리를 활용해서 사람들에게 이로운 일을 할 수 있지 않을까?'라는 생각이 커지면서 창업을 결심하게 되었다고 한다. 그는 이 시점에 우연히 제인 맥고니걸의 TED 영상을 접하게 되었는데 '게이미피케이션(Gamification, 게임화)'을 통해 더 나은 세상을 만들 수 있다는 생각에 공감하여 이 개념을 사업에 도입하게 된다.

기존 방식은 게임이 주가 되고 이 과정에서 교육 효과를 부가적으로 얻는 것이 목표다. 이와는 다르게, 게이미피케이션은 게임의 이론과 개념을 활용하여 기능을 본질적인 목적으로 하는 서비스를 개발하는 것이다. 게이미피케이션은 '게임화'로 직역할 수 있는데, 게임이 아닌 것에 게임적 사고와 게임 기법을 활용해 문제를 해결하고 사용자를 몰입시키는 과정을 말한다.

최 대표는 게이미피케이션을 도입한 언어학습 툴을 만들고 싶었고, 이는 다른 사람들에게 영향을 미칠 수 있는 것들이기에 심도 있는 접근이 필요함을 느껴 KAIST 석사과정을 통해 본격적인

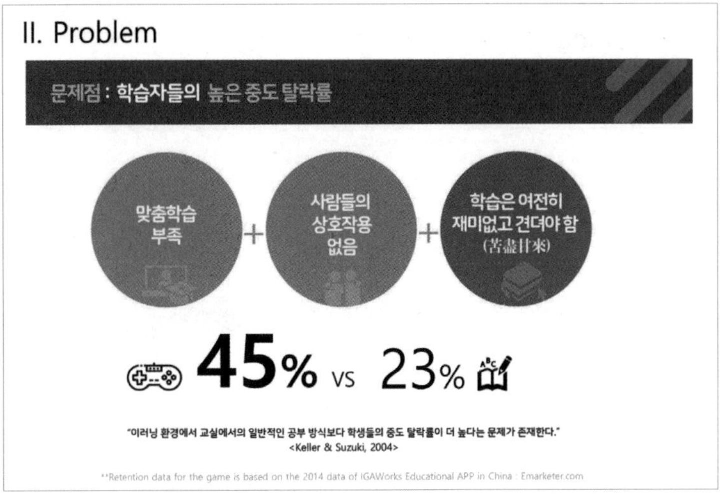

캐치잇잉글리시가 해결하고자 한 문제

연구를 시작한다.

1차 가설로 '게이미피케이션은 모든 사람에게 적용이 된다.'를 세웠고, MVP 앱으로 이를 검증한 결과 모든 사람에게 적용되지 않는다는 것을 알게 되었다고 한다. 이후 '학습동기가 낮은 사람들과 아예 공부를 할 생각이 없었던 사람들을 대상으로 게이미피케이션을 적용하면 학습 동기가 올라간다.'를 2차 가설로 세웠고 유의미한 결과를 얻을 수 있었다.

이렇게 가설을 세우고, 실험을 설계하여 가설을 검증하고, 여기서 얻은 통찰을 통해 '학습 동기가 낮은 사람'을 거점고객으

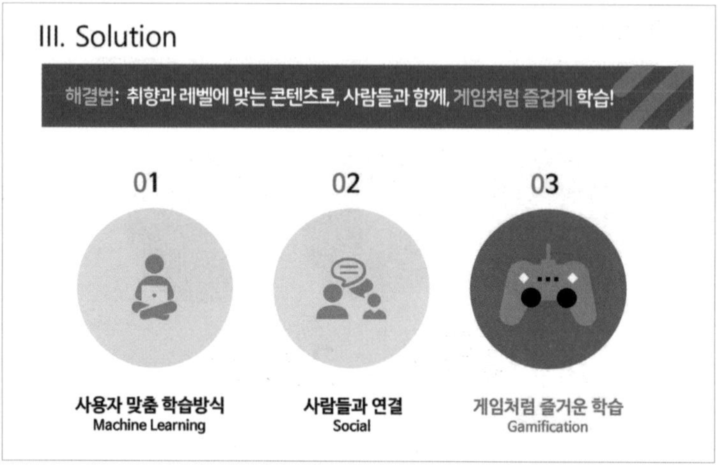

캐치잇잉글리시가 제시한 솔루션

로 잡았다. 그리고 이들이 '나도 모르게 몰입하여 계속 영어공부를 할 수 있는' 프로그램을 개발하기 시작했다.

다음 단계는 모바일 영어학습의 약점으로 인식되는 '중도 탈락률이 높다.'는 문제점을 해결하기 위한 실험 설계였다. 최 대표는 '취향과 레벨에 맞는 콘텐츠로, 사람들과 함께, 게임처럼 즐겁게 학습한다면, 디지털 영어교육 학습자들의 중도 탈락률이 낮아질 것이다.'라는 3차 가설을 세웠다. 그리고 초기 고객들을 대상으로 MVP 검증에 들어갔다.

실험에 참가한 고객들은 적극적인 피드백을 해주었고, 캐치잇플레이는 이를 적극적으로 받아들여 스피킹 기능, 웹툰 콘텐츠 등을 추가했다. 이렇게 지속적인 업데이트를 통해 시장 적합성을 높인 결과, 초기 단계의 스타트업임에도 불구하고 구글플레이 영어교육 카테고리에서 매출 1위를 기록할 수 있었다.

이 과정에서 캐치잇플레이는 몇 가지 핵심 지표에 집중했다. 재방문율을 의미하는 리텐션율, 접속 빈도, 접속 시간을 조사해 어떤 요소가 학습자의 몰입을 유도하는지 테스트한 것이다. 반복하여 가설을 수립하고, 실험을 통해 이를 검증하면서 캐치잇플레이는 '초보자가 큰 노력을 들이지 않고 새로운 언어를 배울 수 있도록 게임화된 학습 솔루션을 제공하는 플랫폼'으로 성공적인 론칭을 했다.

해결책에는 현장의 목소리가 담겨야 한다

6개월 동안 지구 한 바퀴, 48,000km를 달린

핸디즈

벤처 캐피털 '스프링캠프'에서 초기 기업을 발굴했던 배훈 전 심사역은 "스타트업에게 가장 중요한 것은 실행력"이라고 말한다. 발로 뛰어 실제 고객을 만나보고 그들의 목소리를 반영한 제품을 만들어야 한다는 것이다.

'핸디즈'는 에어비앤비처럼 숙소를 제공하는 호스트에게 종합적인 숙소 관리 서비스를 제공하는 스타트업이다. 서울에서 서비스를 시작한 핸디즈는 우리나라 최대의 관광 도시 제주에 숙소 관리 서비스에 대한 니즈가 많을 것이라 생각하고, 이를 검증하기 위해 제주 창조경제혁신센터의 체류 지원 프로그램을 통해 한 달간 테스트를 진행했다. 이들은 테스트 기간 동안 20명의 호스트를 유치하고 1천만 원의 매출을 올리면서 제주로의 확장 가능성을 증명했다.

이후 6개월의 액셀러레이팅 프로그램 기간에 지구 한 바퀴의 거리보다 긴 48,000km를 달리며 시장 검증에 집중했다. 그렇게 주요 고객인 제주의 호스트들을 만나 그들이 어떤 불편함을 겪고 있는지, 추가로 필요한 서비스가 무엇인지 파악하여 비즈니스를

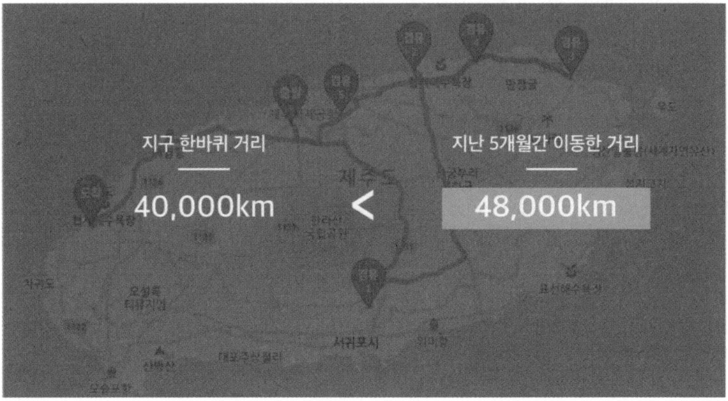

핸디즈가 시장 조사를 위해
얼마나 많은 노력을 했는지 보여준다.

확장할 수 있었다.

시장 조사를 하는 과정에서 창업팀은 제주에 인력 수급의 문제가 있음을 발견했다. 관광객은 많지만 제주도에 살면서 일하는 인구는 적었기 때문이다. 이에 대한 해결책을 강구하던 정승호 대표는 '워킹홀리데이' 프로그램을 도입했고, 제주를 여행하면서 돈도 벌고 싶은 젊은 층에게 좋은 반응을 얻을 수 있었다. 그렇게 숙소를 관리할 인력이 필요한 호스트와 일과 여행을 동시에 하고 싶은 워킹홀리데이 프로그램 참가자들을 연결하는 MVP를 만들었고, 실험에 참가한 이들로부터 피드백을 받아 사업 모델을 개선했다. 이후 핸디즈는 '생활형 숙박시설 전문 위탁업체'로 사업을 재정비하여 창업 1년 만에 시드투자를 유치하며 성장 가능성을 인정받았다.

이렇게 사업 초기에는 직접 발로 뛰어 유저를 확보하고, 그들의 목소리를 듣는 것이 중요하다. 문제점은 현장에서 발견되고, 솔루션도 현장에 있다. '실리콘밸리의 대부'라 불리는 스티브 블랭크는 창업가들에게 '사무실에서 알 수 있는 것은 없으니 현장으로 나가라.'고 조언한다. 사업 구조와 비즈니스 모델이 아무리 논리적으로 잘 구성되었어도 현장을 통해 검증되지 않은 솔루션은 아직 '가설'일 뿐이다.

솔루션에 가치를 녹여 설득력을 높여라

Solution

우리 것이 가진 가치를 찾아 우리만의 길을 만들다

당신을 춤추게 할 우리 사과로 만든 전통주,

댄싱사이더

'술은 만들어진 장소에 가까우면 가까울수록 좋다. 흔히 말하듯이, 좋은 술은 여행을 하지 않는 법이다.' 무라카미 하루키가 자신이 펴낸 《무라카미 하루키의 위스키 성지여행》을 통해 한 말이다. 그렇다. 좋은 술은 함부로 이동하지 않는다. 그 자리에 있다.

'댄싱사이더(Dancing Cider)'도 이렇게 시작되었다. 이대로 대표가 선택한 '좋은 술'은 '사이더(Cider)'라는 사과 과실주였다. 미국 유학시절 사이더를 처음 접했던 이 대표는 이 낯선 술의 매력에 빠졌다. 사과즙을 발효시켜 만든 과실주인 사이더는 사과의 단 맛과 향이 탄산과 함께 느껴지는 처음 접해보는 새로운 술이었다.

미국에서 대학교 졸업 후 한국에 돌아와서 사이더를 몇 번이나 찾아보았지만, 사이다가 아닌 사이더는 찾아보기 어려웠다. 이 대표는 사이더를 마시며 지인들과 함께 일상의 소소함을 나누었던 사과향이 나는 그 시간들이 그리워질 때마다 '사이더의 주재료는 사과인데, 맛있는 사과가 매년 생산되는 한국에서도 만들 수 있는 방법이 있지 않을까?'라는 생각을 하게 됐다. 이렇게 국내에서 수제 사이더를 만들어보기로 결심한 것이 댄싱사이더의 시작이었다.

국내 농가에서 수확한 사과에 인공착향료나 설탕, 색소 등을 넣지 않고 좋은 날을 더욱 좋게 만드는 술을 만드는 것. 이 대표의 목표는 오로지 이 하나였다. 이를 위해 우선 신선하고 맛 좋은 사과를 찾는 것이 가장 먼저 해결해야 할 문제였다. 사과의 고장 '충주'가 떠오른 이 대표는 무작정 충주로 떠났다. 뜻이 있는 곳에 길이 있다는 말처럼, 사과 하나만 떠올리고 떠난 충주에서 이 대표는 새로운 길을 만날 수 있었다.

충주시는 인구 약 21만 명의 소도시로, 인구를 늘리기 위해 청년들의 창업을 적극적으로 지원해주는 사업을 펼치고 있었

| Our Cider |
100% 국산 사과
330mL 한 병에 사과 2개 분량
사과 착즙 원액 그대로
| Our Process |
지역 농가에서 사과 수확
100% 국산 사과 원물 착즙
발효와 블렌딩을 통한 풍미 완성
숙성 후 애플사이더 탄생!

지역 농산물을 활용한
댄싱사이더의 제품 제작 과정

다. 그중 농림축산식품부가 진행하는 '2019년 농업과 기업 간 연계강화사업' 대상으로 선정되는 등 다양한 지원을 받을 받을 수 있었다.

두 번째로 해결해야 할 과제는 사이더 제조 기술이었다. 맥주가 나라별로 스타일이 조금씩 다르듯 사이더 역시 각 지역마다 마시는 스타일에 차이가 있었다. 영국에서는 드라이하면서도 높은 도수의 사이더를 주로 마신다면, 프랑스에서는 달달한 저도수의 사이더를 많이 마신다. 미국의 경우에는 다양한 맛과 폭넓은 도수를 지니는 특성이 있어, 댄싱사이더는 미국 사이더 업계의 독창적인 맛에 대한 시도를 국내에서 해보기로 했다.

이대로 대표와 공동창업자인 구성모 이사는 미국에서 다수의 사이더 양조장을 방문했고, 이중 미국 크래프트 사이더 양조장인 'Downeast Cider House'라는 곳과 기술 제휴를 맺었다. 미국의 양조사들은 충주를 직접 방문해 자신들의 양조 기술을 전수했다. 그 후 미국 양조장에서 만드는 사이더 레시피 그대로 만드는 것이 아닌, 국내 사과로 '댄싱사이더'가 원했던 한국 소비자들에게 맞는 맛을 만들어가는 과정을 밟았다. 이렇게 댄싱사이더의 충주 양조장은 2019년 4월 문을 열었다.

처음 탄생한 제품은 '스윗마마(Sweet Mama)'와 '댄싱파파(Dancing Papa)'이다. 스윗마마는 사과를 베어 물었을 때 기대할 법한 달달함과 새콤함이 온전히 느껴질 정도로 사과 고유의 풍미가 돋보인다. 댄싱파파는 아버지들을 춤추게 만든다는 의미로 붙인 이름인데, 드라이한 맛을 선호하는 애주가들을 위해 단맛이 덜하고 도수는 조금 더 높은 것이 특징이다.

댄싱사이더가 충주의 지역 기업으로 자리 잡고 나니, 자연스럽게 다른 농가와도 연계됐다. 사과로 만든 사이더에 블루베리를 첨가하여 새콤달콤함을 그대로 담아낸 '와쥬블루(Oiseau Bleu)',

사이더에 오미자와 라즈베리의 산뜻함을 담은 '요새로제(Yose Rose)' 등 지역 농산물을 활용한 댄싱사이더만의 새로운 맛이 지속적으로 개발되고 있다.

댄싱사이더의 철학은 좋은 술을 그냥 수입하는 것이 아니라, 발전하는 양조 기술을 연구하고 활용하여 국내 과실 발효주 수준을 향상시키는 데 있다. '사이더라는 술을 마실 때의 좋은 경험을 한국에 알리고 싶다'는 이 대표의 마음이 충주를 선택하게 했고, 충주의 자연환경이 그의 꿈을 도왔다. 브랜드명인 댄싱사이더에는 사이더를 마실 때의 흥겨운 느낌을 담아 '춤을 추게 만드는 사이더'라는 의미를 담고 있다.

좋은 사이더는 품질 좋은 사과 원물을 착즙하고, 이 착즙된 즙을 건강하게 발효시켜 독창적인 블렌딩(Blending, 두 개 이상의 성분을 혼합하는 과정을 뜻함) 과정을 통해 깊은 풍미로 완성된다. 성공하는 스타트업들을 살펴보면 모두 이러한 과정을 거친다. 좋은 아이디어인 원료에 용기와 추진력이 섞이고 합쳐지는 과정을 거쳐, 더 나은 세상을 만들겠다는 풍미가 더해질 때 비로소 좋은 기업이 된다. 좋은 술은 여행을 하지 않지만, 좋은 술은 그 지역에서 자라나 새로운 문화를 만들기도 한다. 댄싱사이더는 지역의 다채로운 제철 농산물을 활용하고, 여기에 한국적인 맛과 멋을 결합한 애플사이더 브랜드로 지속 성장 중이다.

새로운 가치를 부여할 때 새로운 길이 열린다

'개념 있는 젊은 도시인'이라는 프레임으로 힙스터를 저격한

집카

미국의 기업가이자 《린 스타트업》의 저자인 에릭 리스는 창업 아이디어를 발전시키는 방법론으로 '린 캔버스(Lean Canvas)'를 제시한다. 그는 창업가가 고려할 사항을 중요한 순서대로 넘버링했는데, 이 순서대로 작성해볼 것을 추천한다.

다음 페이지의 그림을 보면 1장에서 다루었던 '문제 인식'이 1번, 지금 이야기하고 있는 '솔루션'이 4번으로 적혀 있다. 문제에 대한 솔루션을 찾기 위해서는 두 단계를 더 거쳐야 한다는 뜻이다. 그 두 단계는 '고객군 정의'와 '고유의 가치 제안'이다.

고객군 정의에 대해서는 앞에서 알아보았는데, '고유의 가치 제안'은 무엇일까? 에릭 리스는 '우리 제품을 구입해야 하는 이유, 다른 제품과의 차이점을 알기 쉽고 설득력 있는 메시지로 표현하는 것'이라고 말한다. '집카(Zipcar)'의 사례를 통해 고객에게 효과적으로 우리 회사의 가치를 제안하는 법을 알아보자.

집카는 '도시에 사는 사람들이 차를 좀 더 현명하게 사용할 수 있는 방법이 없을까?'라는 문제의식에서 탄생한 미국의 차량 공유 스타트업이다. 집카가 정의한 고객의 문제점은 다음과 같다.

에릭 리스가 제안하는 린캔버스

<table>
<tr><td rowspan="2">문제
가장 중요한
세 가지 문제
1</td><td>솔루션
가장 중요한
세 가지 기능
4</td><td rowspan="2">고유의 가치 제안
제품을 구입해야
하는 이유와 다른
제품과의 차이점을
설명하는 알기
쉽고 설득력 있는
단일 메시지
3</td><td>경쟁 우위
다른 제품이 쉽게
흉내 낼 수 없는
특징
5</td><td rowspan="2">고객군
목표 고객
2</td></tr>
<tr><td>핵심 지표
측정해야 하는
핵심 활동
8</td><td>채널
고객 도달 경로
9</td></tr>
<tr><td colspan="3">비용 구조
고객 획득 비용, 유통 비용,
호스팅, 인건비 등
7</td><td colspan="2">수익원
매출 모델, 생애 가치, 매출,
매출 총 이익
6</td></tr>
</table>

- 차를 소유하면 해야 하는 복잡한 일들을 겪고 싶지 않다.
- 나는 돈을 절약하고 싶다.
- 나는 보통 대중교통을 이용하고, 가끔씩만 차를 필요로 한다.
- 나는 가끔은 큰 차가 필요하다.

집카의 창업자 로빈 체이스는 이러한 문제점을 가진 고객들의 행동 패턴을 분석하여 '도시인들이 필요할 때만 원하는 차를 몰 수 있는 서비스'를 생각해낸다.

집카가 초기 타깃으로 규정한 고객은 아직 차를 가지고 있지 않은 대학생, 그리고 보스턴, 뉴욕, 샌프란시스코 등 주차 공간이 부족하고 주차비가 비싼 도시에 사는 사람들이었다. 이들 중에는 20~30대가 많았으므로, 창업팀은 그들의 특성을 프로파일링했다. 그 결과, '복잡한 도시에서 일하며 살지만, 환경을 생각하는 생활 방식을 지향하고, 최신 유행에 민감한 사람'이라는 페르소나가 탄생했고, 이들이 매력적으로 여길 차별적인 가치 제안(Value Proposition)을 고민하게 되었다.

- Economic Value: 경제적 가치 ⇨ 저렴하게 이용할 수 있다
- Social Value: 사회적 가치 ⇨ 집스터라는 커뮤니티에 소속감

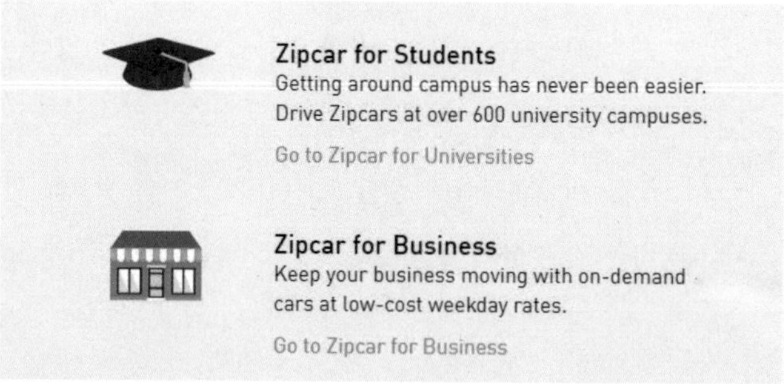

Zipcar for Students
Getting around campus has never been easier.
Drive Zipcars at over 600 university campuses.
Go to Zipcar for Universities
Zipcar for Business
Keep your business moving with on-demand
cars at low-cost weekday rates.
Go to Zipcar for Business

집카는 주요 타깃을 '통학할 때 차를 이용하고 싶은 학생'과 '적은 비용으로 주중에 차를 이용하고 싶은 직장인' 두 그룹로 설정했다.

• Psychological Value: 심리적 가치 ⇨ 자연을 생각하는 개념 있는 도시인이라는 자부심

집카가 제안하는 차별적인 가치는 '문제 해결을 넘어 기쁨(Delight)을 주는 차량 공유 서비스'다. 이 가치를 실현하기 위해 집카는 차고지에 BMW의 미니 시리즈, 도요타의 시에나, 혼다의 시빅 등 연비가 좋고, 공해를 덜 일으키며, 디자인도 예뻐서 젊은 세대에게 인기 있는 차들을 들였다. 그리고 인기 차종에는 특정한 성격을 부여하여 이용자가 자신의 라이프스타일과 맞는 자동차를 고를 수 있게 도왔다. 예를 들어 도요타의 프리우스는 '핑'이라는 캐릭터로 설명하는데, 핑은 '아침에 조깅을 하고, 그다지 말이 많지 않은 친구'이다. 혼다의 시빅은 '캐롤'이라는 캐릭터다. 캐롤은

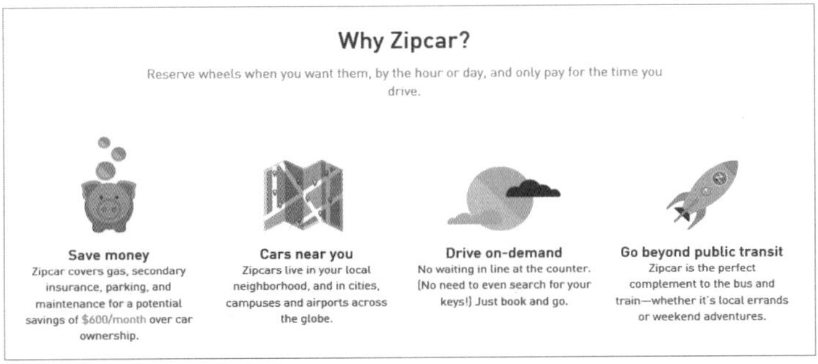

Why Zipcar?
Reserve wheels when you want them, by the hour or day, and only pay for the time you drive.
Save money
Zipcar covers gas, secondary insurance, parking, and maintenance for a potential savings of $600/month over car ownership.
Cars near you
Zipcars live in your local neighborhood, and in cities, campuses and airports across the globe.
Drive on-demand
No waiting in line at the counter. (No need to even search for your keys!) Just book and go.
Go beyond public transit
Zipcar is the perfect complement to the bus and train—whether it's local errands or weekend adventures.

집카 사용자가 누릴 수 있는 이익을 정리한 이미지

'요가를 가르치고, 카약 타는 것을 아주 좋아하는 친구'이다.

이런 요소 덕분에 집카를 경험해본 사람들은 곧 강력한 팬이 되었고, 이들은 스스로 집스터(Zipster, 집카 이용자들)라는 커뮤니티 집단을 만들어 집카의 홍보대사 역할을 했다. 실제로 서비스 초기 신규 회원의 30%가 기존 고객의 추천으로 발생했다고 한다.

우리 서비스가 고객의 문제를 해결하고 더 나아가 새로운 가치를 부여할 때, 고객의 팬심은 더욱 강력해진다. 집스터들은 "내 생활에서 똑똑한 선택을 하고 있다는 느낌이 들어요."라는 말로 특별한 소속감과 자부심을 고백했다.

'개념 있는 젊은 도시인'이라는 자긍심을 가지고 있는 집스터들은 특별한 날에도 집카를 이용하고 싶어 했다. 이런 니즈를 충족시키기 위해 집카는 웨딩카 이벤트도 진행하는 세심함을 보여주었다.

이렇게 집카는 힙스터(Hipster, 자신들만의 고유한 문화를 추구하는 이들)들의 행동 양식에 맞춘 서비스를 통해 비즈니스를 확장할 수 있었다. 이것은 전통적인 대형 렌터카 업체들이 감히 시도할 수 없는 부분이었으므로 고객들에게 남다른 만족감을 주었다. 수많은 차량 공유 서비스가 있지만 집카는 1999년 창업 이후 꾸준한 성장곡선을 그렸고, 2009년, 에이비스 렌터카에 5억 달러(약 6천억 원)에 인수되며 성공적으로 엑싯(exit, 사업 매각)했다.

실리콘밸리의 액셀러레이터 'Y 콤비네이터'를 창립하고 다수의 유니콘 기업들을 발굴한 폴 그레이엄 CEO는 블룸버그 인터뷰에서 "스타트업에게 가장 중요한 것은 실질적으로 사람들의 삶을 개선시키는 서비스를 만드는 것"이라고 말했다.

그는 스타트업의 가치를 직사각형에 비유했다. 직사각형의 가로는 제공하는 서비스, 높이는 사용자 숫자, 직사각형의 넓이는 사용자들의 삶을 얼마나 개선시키는지를 나타내며, 바로 이것이 스타트업의 가치라는 것이다. 따라서 스타트업이 성장하는 방법은 너무 단순 명료해서 우스울 정도라며 다음과 같이 전했다.

스타트업을 성장시키는 방법은 사용자들이 정말 좋아하는 제품을 만들고, 그것을 그들에게 알리는 게 전부예요.

- Y 콤비네이터 CEO 폴 그레이엄

그 또한 샤잠의 창업자 크리스 바톤처럼 'Delight'를 중요한 가치로 강조하며 어떻게 하면 고객을 기쁘게 할지 고민해야 한다고 전한다. 타깃팅한 사용자들에 대한 전문성은 사업의 성공과 직결되며 그들이 정말 좋아하는 제품을 만드는 것이 중요하다는 것이다.

'가치'는 결국 이 서비스 또는 제품을 써야 하는 이유가 된다. 그래서 스타트업이 성장하기 위해서는 가치 제안, 즉 우리 회사가 제안하는 가치를 간결하고 명료하게 표현할 수 있어야 한다.

앞에서 예로 든 스타트업들이 제안한 가치를 다시 정리해 보자.

- 샤잠: 언제 어디서나 간편하고 빠르게 음악 검색이 가능하다.
- 캐치잇플레이: 중도 탈락률을 줄이며, 재미있게 몰입하여 언어를 학습할 수 있다.
- 댄싱사이더: 한 잔을 마시더라도 맛있는 술로 고객이 즐길 수 있게 하자.

해결책을 찾을 때 맨 앞에 두어야 할 것은 '고객'이다. 우리 서비스를 이용할 고객을 제대로 정의하고, 그들의 목소리에 따라 실행할 때 비로소 가치 있고 유익한 솔루션이 탄생한다.

사업을 하는 동안 '고객에게 답이 있다.'라는 명제만 잊지 않는다면, 반드시 답을 찾게 될 것이다.

3

시장잠재력

Market Potential

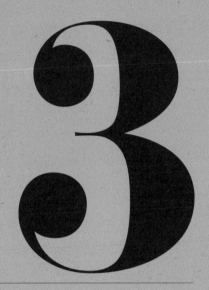

시장의 흐름을 읽은 사람이 기회를 잡는다

Market Potential

반대에 부딪혔을 때가 바로 혁신 타이밍이다

>> 소유경제에서 공유경제로의 문을 연 에어비앤비와 우버

실패의 순간은 또 다른 도전이 된다

>> 최악의 순간 새로운 아이디어를 얻은 스푼라디오

시장은 오늘도 움직인다

>> 위기에 대처하라, 유학 플랫폼을 국내로 연결한 글로랑

시장의 크기가 성공 가능성을 보여준다

>> 경쟁사의 수치로 타당성을 입증한 에어비앤비

시장의 빈틈을 파고들어라

>> 언제나 조연이었던 '부대시설'에서 가능성을 찾아낸 루북

고객이 원할 때 원하는 서비스를 'On-Demand' 시장의 성장

>> 오토바이 공유 플랫폼에서 결제시스템으로 진출한 고젝

변화를 체감하고, 확장하라

>> 유기견을 반려견으로 우리를 잇는 공간, 도그어스플래닛

우리는 예전의 기준이 사라지고 새로운 기준이 일반화가 되는 시대, 뉴노멀(New Normal) 시대에 살고 있다. 지금은 익숙한 '공유'라는 단어는 10년 전만 해도 부정적인 이미지였다.

'공유경제(Sharing Economy)'는 에어비앤비가 성장한 2015년 이후에야 대중에게 익숙한 개념이 되었고, 공유경제가 일반화되는 과정은 시장의 변화가 함께 했다. 소유보다는 경험을 중시하는 '밀레니얼 세대'가 소비를 주도하게 되고, 디지털화된 환경으로 인해 시간과 장소에 구애받지 않고 자원을 공유할 수 있는 플랫폼 구축이 가능하게 되었기 때문이다.

이렇게 공유 차량 서비스, 공유 주거, 공유 오피스 등 공유경제가 대다수 사람들의 라이프스타일에 자연스럽게 녹아 있을 무렵, 어느 누구도 예상하지 못했던 코로나바이러스감염증-19(이하 '코로나19'로 약칭)가 우리 삶에 불쑥 찾아왔다. 한국에서 코로나19 확진자가 처음 발생하고 실내 마스크 착용 의무가 해제되기까지 우리는 3년 남짓 한 시간을 코로나19와 함께 보냈다. 공유 서비스의 수요 증가를 예상하고 사업을 확장했던 기업들은 큰 타격을 입을 수밖에 없었다.

코로나19 감염이라는 위험에 노출되지 않기 위해서는 다른 사람들과 접촉 없이도, 서비스 이용이 가능해야 했다. 특히 낯선 사람들과는 어느 정도 거리를 두는 것이 일상이 되면서 타인과의 접촉 없이 서비스를 이용하는 '언택트(Untact)' 문화에 익숙해지기 시작했다. 팬데믹으로 인한 경제 불황 속에서도 온라인과 디지털 플랫폼을 통한 비대면 서비스는, 오히려 급속도로 성장할 수 있는 기회를 잡게 된 것이다. 확진자로 인한 공간 폐쇄가 이어지며 원격 근무 툴, 온라인 수업 플랫폼, 원격 진료 서비스에 대한 수요가 급증했고, 오프라인 공간에서 무인으로 주문 가능한 키오스크 서비스, 온라인 데이팅 앱, 음식 배달 앱과 관련한 스타트업 등은 재도약할 수 있는 계기가 되었다.

시장은 오늘도 움직이고 있다. 그래서 '시장'은 투자자 입장에서 투자 검토를 위해 가장 먼저 들여다보는 요소다. 충분한 시장이 있는지, 경쟁자가 쉽게 침범할 수 없는 진입 장벽을 구축할 수 있을 정도로 핵심역량을 보유하고 있는지를 중점적으로 고려한다.

따라서 사업을 시작하기 전, 기획 단계에서 스스로 질문을 던져보아야 한다. 진입하려는 시장에 대한 내용을 담은 피치덱에 다음 3가지 질문에 대한 답이 포함되어 있는지 점검해보자. 이 질문에 대한 답은 반드시 포함되어 있어야 한다.

1. 사업 확장을 위한 마켓 사이즈는 충분한가?
2. 성장하고 있는 시장인가?
3. 시장잠재력이 풍부한가?

Market Potential

이 질문에 답할 수 있다면 위기의 상황에서도 고객의 니즈를 읽고 발 빠르게 움직여 새로운 돌파구를 찾아낼 수 있을 것이다.

스타트업에도 골든 타임이 있다

Market Potential

반대에 부딪혔을 때가 바로 혁신 타이밍이다

소유경제에서 공유경제로의 문을 연

에어비앤비와 우버

'인생은 운칠기삼(運七氣三)'이라는 말이 있다. 성공한 스타트업의 대표는 겸손하게 이렇게 말하곤 한다. "할 일을 묵묵히 해왔을 뿐인데, 운이 좋았습니다." 그러나 사실은 내가 좋아서 시작했는데 우연히 시장이 그 서비스를 원했거나, 시장에 대한 통찰력이 있었거나, 둘 중 하나일 것이다.

12세에 창업을 시작해 100번의 스타트업을 경험해본 미국의 투자자 빌 그로스는 성공한 스타트업들에게 무엇이 중요했는지 분석한 내용을 TED에서 공유했다.

그는 스타트업에게 타이밍(Timing), 팀과 실행력(Team&Execution), 아이디어(Idea), 비즈니스 모델(Business Model), 펀딩(Funding) 이 5가지 요소가 중요하다면서, 그중에서도 '타이밍'이 성패를 결정하는 가장 큰 요인이라고 말했다.

유니콘으로 성장한 기업들은 대부분 '사업을 시작했던 초기에 투자자들의 반대에 부딪혔다.'며 힘들었던 시절을 떠올린다. 그러나 거꾸로 생각해보면 그때가 바로 '가치혁신이 일어나는 시점'이다. 기존 시장인 레드오션에서 경쟁사들과 함께 치열하게 싸우기보다는 새로운 시장을 창출할 수 있을 때, 고객들에게는 문제점인데 시장에는 이를 위한 서비스가 없는 바로 그 때가 유니콘이 탄생하는 타이밍이다. 즉 주변의 반대에 부딪히는 그 시점이 스타트업들에게 '골든 타임(Golden Time)'이 될 수도 있다는 말이다.

에어비앤비를 성장 초기에 만났던 투자자들은 "누가 자기 집을 빌려줘?"라고 말했다. 하지만 금융위기 시기에 새로운 수입원이 필요했던 집주인들은 내 가족들하고만 공유하던 집을 타인들과 공유하기 시작한다.

'공유경제'는 2008년 글로벌 금융위기를 겪은 후, 소유의 경제에 대한 반성이 일기 시작한 것에서 출발한 개념이다. 에어비

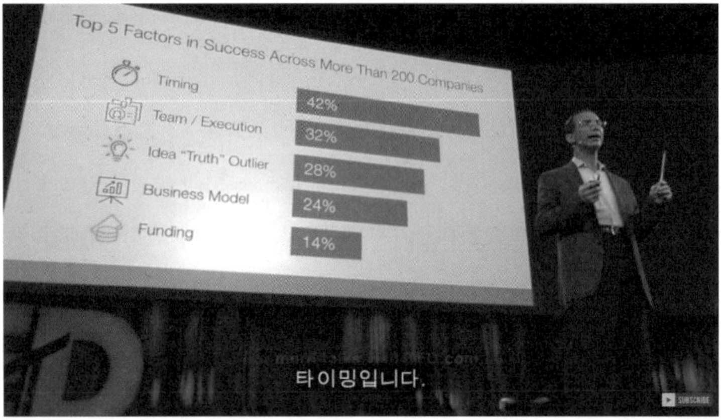

투자자 빌 그로스의 TED 강의

※출처: www.ted.com

앤비는 2008년 여름에 창업했다. 당시 샌프란시스코에서 대규모 디자인 컨퍼런스가 열렸고, 호텔이 부족해 숙소를 필요로 하는 고객들이 급증했다. 에어비앤비의 공동창업자 3명은 함께 지내던 집의 남는 공간을 손님들에게 빌려줌으로써 고객의 문제를 해결했다. 그리고 집을 공유하니, 단순히 금전적인 부분뿐만 아니라 이 새로운 서비스를 통해 만난 전 세계 사람들과의 교류, 로컬 문화를 소개함으로써 간접적으로 지역 경제에 기여하는 지역 관광 상품으로서의 가치 등 추가 효익까지 얻게 되었다.

'우버(Uber)' 또한 마찬가지다. 우버를 창업한 2009년도에는 아직 금융 위기의 여파가 가시지 않았기에 부가 수입이 필요한 사람들이 많았다. 거기에 조금이라도 저렴한 요금으로 택시를 이용하고 싶은 욕구가 더해져 차량 공유 서비스가 환영받을 수 있었다. 이렇게 시장의 흐름을 읽고 있으면 70%의 운과 30%의 기회를 모두 내 것으로 만들 수 있다.

실패의 순간은 또 다른 도전이 된다

최악의 순간 새로운 아이디어를 얻은

스푼라디오

창업가의 길에 들어선 사람이라면 시장의 변화에 민감해야 한다. 혹독한 경험을 통해 이 교훈을 체득한 한 창업가의 이야기를 해보고자 한다. 개인 DJ가 진솔한 이야기를 털어놓고 청취자와 소통하는 오디오계의 유튜브 '스푼라디오'의 창업자인 최혁재 대표의 이야기다.

최 대표의 첫 창업 아이템은 '휴대폰 배터리 공유 사업'이었다. 2023년 현재를 기준으로 생각해보면 상상도 할 수 없는 비즈니스지만, 불과 10년 전에는 고객들에게 정말 필요한 서비스였기에 투자자와 언론사들의 주목을 받았다. 그는 휴대전화 배터리 충전과 관련된 고객의 문제점을 해결하는 서비스를 기획했다.

당시에는 편의점에 휴대전화 배터리를 맡기면 충전될 때까지 무작정 기다려야 했다. 고객들은 1시간 이상의 소중한 시간을 버릴 수밖에 없었다. 최 대표는 이런 문제점에 착안하여 "그렇다면 배터리를 같이 쓰면 어떨까?"라는 아이디어를 떠올렸다. 본인의 배터리를 맡기고 타인의 배터리를 가져가는, 배터리 공유 서비스를 혁신적으로 내놓은 것이다.

그런데 사업이 성장하여 한창 서비스를 확장하고 있을 무렵 최 대표는 충격적인 뉴스를 접했다. '삼성, 갤럭시 S6 공개, 일체형 배터리 탑재'라는 소식이었다. 첫 사업으로 큰 성공까지 바란 건 아니었으나, 이렇게 시장 변화로 인해 그동안 쌓아온 것들이 한순간에 무너져버릴 것이라고는 생각지도 못했다. 그는 이 일을 통해 시장의 흐름을 파악하고, 시장의 기회가 어느 분야에서 커지고 있는지 항상 귀 기울여야 한다는 교훈을 얻었다고 한다.

최악의 순간, 실패의 경험은 그에게 새로운 사업 아이디어를 선물했다. 그야말로 전화위복(轉禍爲福)의 순간이다. 최 대표는 당시를 이렇게 회상한다. "사업에 실패하고 힘들었던 시기, '나의 고민을 들어줄 수 있는 이들이 있다면 얼마나 좋을까?'라는 생각을 하던 중 '나처럼 누군가에게 고민을 털어놓고 싶은 사람이 많을 것이다.'라는 가설을 세우게 됐다. 이것이 스푼라디오의 시작이었다."

스푼라디오는 사업 초기에 투자자들에게 사랑을 받는 아이템은 아니었다고 한다. "아프리카 TV, 유튜브 같은 이미 익숙한 동영상 개인 방송 플랫폼이 있는데, 누가 라디오를 듣겠어요?" 라고 투자자들은 말했다. 하지만 시장의 목소리는 달랐다. 영향력이 축소될지언정, 라디오는 사라지지 않았다. 다만, 라디오라는 매체에 익숙하지 않은 1020세대의 니즈에 맞게 변형된 버전의 라디오가 없었기에 시장이 작다고 느껴졌던 것이다. 이들에게 필요한 것은 그들끼리의 공감과 소통이었다. 그렇게 '엄마, 아빠는 모르는 우리들만의 라디오' 개발이 시작되었다.

첫 사업은 '배터리'라는 제품 자체에 의존하는 소비재 사업이었기에, 돌이켜보면 지속 가능하고 확장 가능한 비즈니스 모델은 아니었다. 그러나 두 번째 도전인 스푼라디오는 콘텐츠 플랫폼 사업이었다. 판(플랫폼)만 벌여놓으면 사용자들이 그 안에서 스스로, 자유롭게 콘텐츠를 만들어가는 사업이기에 무한히 확장할 수 있는 비즈니스 모델이다.

그는 모든 의사결정을 시장, 즉 사용자의 반응에 맡기기로 했다. 스푼라디오는 출시 후 1년 동안 54번의 업데이트를 진행했는데 모두 사용자 데이터 분석과 피드백에 의한 것이었다. 이렇게 고객의 크고 작은 니즈를 반영하여 서비스가 진화하는 과정에서 스푼라디오를 사랑하는 팬들이 하나둘 생기기 시작했다.

> "Take risks: If you win, you will be happy. If you lose, you will learn to be wise."
> 위험을 감수하라. 성공한다면 당신은 행복해질 것이고, 실패한다면 당신은 현명해질 것이다.

"휴대폰 배터리 공유 사업을 하던 시절, 미국 시장으로 확장하기 위해 머물렀던 실리콘밸리에서 무심코 흘려 들었던 이 말이 현실이 되었다."고 최 대표는 말한다. 첫 사업의 실패로 시장을 더 예민하게 보게 된 최 대표는 Z세대를 위한 라디오를 만들었다. 스푼라디오는 투자 유치에도 성공하여, 지금은 일본, 미국, 동남아 시장 진출을 통해 해외 시장 확장 가능성을 보여주고 있다.

시장은 오늘도 움직인다

위기에 대처하라, 유학 플랫폼을 국내로 연결한

글로랑

황태일 대표는 우리나라의 많은 학생들이 외국으로 나가서 더 많이 배우고, 느끼고, 경험하면서 소통하고 공감하는 능력을 키우길 바랐다. 새로운 언어와 문화를 습득하는 것은 인생에 예상치 못한 기회를 가져다준다는 것을 알고 있었기 때문이다. 하지만 해외로 나가는 데는 적지 않은 비용이 들어가고, 그에 따른 용기가 필요하다. 사전 정보를 수집하고, 계획을 철저하게 짜서 해외로 나갔지만, 현지의 여러 가지 변수로 실패하고 돌아오는 사례를 보며 황 대표는 실패 없는 유학으로 한 사람의 인생이 성장하기를 바라는 마음을 담아 '글로랑(Glorang)'을 창업했다고 한다.

해외로 나가는 사람에게는 실패를 줄이고, 한국에 있는 사람에게는 해외로 나가는 문턱을 낮추기로 결심한 황 대표는 3천 개가 넘는 유학원과 수많은 인터넷 카페에서 공유되는 정보보다 더 정확하고 신뢰할 수 있는 정보가 필요하다고 판단했다. 공유되는 정보는 많았지만 자신에게 맞는 커리큘럼을 찾기 위해서는 시간과 발품이 많이 들었고, 단순히 운을 믿기에는 걸어야 하는 것들이 너무 많았기 때문이다. 황 대표는 '실제로 그곳에서 공부하고 있는, 현지의 유학생을 통해 현장의 실시간 정보를 제공한다면, 유학을 준비할 때부터 실패할 확률을 줄일 수 있지 않을까?'라는 생각에 전 세계의 유학생과 실시간으로 소통할 수 있는 첫 번째 프로젝트로 유스(YOUTH)를 론칭한다. 유스는 유학 준비부터 지원까지, 스스로 유학을 준비할 수 있게 돕는 B2C(생산자와 소비자 간의 거래) 플랫폼이다.

유학 준비를 돕는 많은 플랫폼들 사이에서 글로랑은 현지에서 생생한 정보를 제공하는 전 세계 약 100명의 유학생 크리에이터로 차별점을 뒀다. 이들은 왜 유학을 시작하게 되었는지, 어떻게 공부했는지, 또 현지에서 어떻게 생활하는지 등을 가감 없이 이야기한다. 그리고 유학을 통해 변화된 인생을 살게 된 과정까지 진솔하게 공유한다. 유학을 준비하는 학생뿐만 아니라, 아이를 유학 보내고자 하는 학부모와 함께 아이의 진로에 대해 이야기하고, 어떻게 도와주면 좋을지 그 방법을 고민하기도 한다. 무엇보다 전 세계 TOP10 안에 포함되는 어학원과 계약을 맺어 바로 등록할 수 있다는 장점이 있다. 마치 현지에 있는 것처럼 정보를 습득할 수 있고, 원하는 어학원과도 직접 계약할 수 있도록 차별화한 것이다. 단순히 유학을 성공으로 이끄는 것을 넘어 커뮤니티를 형성하고, 해외에서 겪을 수 있는 다양한 변수에 대한 정보가 쌓이면서 유스는 단기간에 어학연수 플랫폼 1위로 자리 잡았다.

하지만 시장은 현재진행형이다. 아무도 예상하지 못했던 코로나19가 발생하고 장기화되면서, 글로랑이 지향했던 해외 유학 플랫폼은 큰 타격을 입었다. 시장 흐름을 미리 읽어낼 수는 없었지만, 시장의 변화에 빠르게 대처해야만 했다. 스스로에게 질문했다. '새로운 언어와 문화를 습득하기 위해 꼭 해외에서 공부해야만 할까? 시공간의 제약 없이 가능한 솔루션은 없을까?' 황 대표는 언어와 문화의 다양성을 받아들이고, 소통하고 공감하는 능력을 키워나가는 학습이 언제 어디서나 가능한 플랫폼을 구축하고자 했다.

유스 플랫폼을 만드는 과정에서 글로랑의 팀멤버들은 실시간으로 동영상을 통해 소통할 수 있는 기술과 노하우를 갖출 수 있었고, 코로나19로 인해 시장이 180도 달라진 환경에서는 기존의 사고방식을 뒤집는 역발상이 필요했다.

'해외 현지 유학생과 국내의 학생들을 연결했던 것처럼, 비대면으로 선생님과 학생들을 연결하면 어떨까?'

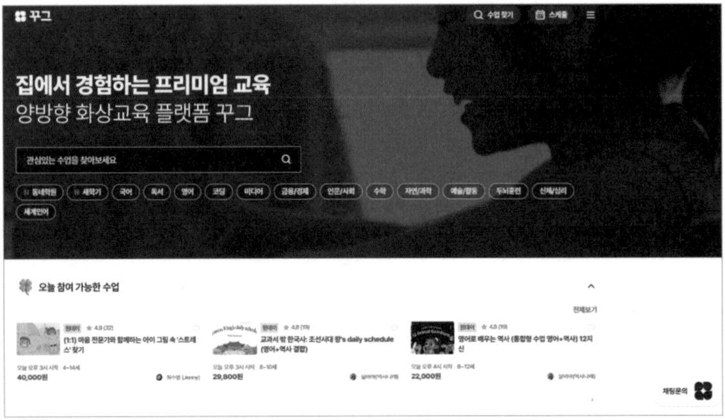

꾸그가 제공하는 서비스를 보여주는
홈페이지의 첫 화면

2020년 11월 위기의 순간, 글로랑 팀은 피버팅을 결심했고, 어떤 환경의 아이든, 어떤 환경의 부모님이든, 최고의 선생님을 만나볼 수 있는 곳 '꾸그'가 탄생했다.

글로랑 팀이 유스 플랫폼을 만드는 데는 1년이라는 시간이 걸렸는데 동일 기술로 연결하는 주체만 달리진 꾸그는 3달 만에 베타 버전을 출시할 수 있었다. 고객 테스트를 통해 영어 외에도 그림, 레고 등의 예체능 활동과 코딩교육, 자연과학 등의 카테고리에 수요가 많다는 것을 확인했다. 또한 아이들이 친구들과 즐겁게 학습할 수 있도록, 최소 3인에서 최대 10인까지의 이용자가 강사가 개설한 라이브클래스 수업 스케줄에 미리 신청하여 해당 시간에 동시 수강하는 형태로 차별화했다.

경제적, 지리적 문제로 일부에게만 제공되었던 최고의 교육 환경을 온라인상에서 경험할 수 있도록 만든 '양방향 화상교육 플랫폼'은 이렇게 위기의 시기에 탄생했다.

나를 필요로 하는 시장을 찾다

Market Potential

시장의 크기가 성공 가능성을 보여준다

경쟁사의 수치로 타당성을 입증한

에어비앤비

시장 규모를 측정하는 과정에서 실제로 어느 정도의 매출을 올릴 수 있을지, 경쟁사 대비 몇 퍼센트의 시장점유율을 달성할 수 있을지를 구체적으로 생각해볼 수 있다. 아무리 좋은 아이디어라 할지라도 시장의 크기가 작다면 이 비즈니스를 시작해도 될지 다시 한번 고민해보아야 한다.

시장의 크기를 측정하기 위해서는 우선, 시장을 정의해야 한다. 그다음 전체시장, 유효시장, 거점시장의 단계로 구분하여 범위를 좁혀 나간다. 전체시장은 존재하는 시장의 전 영역이고, 유효시장은 제품이 닿을 수 있는 범위, 거점시장은 제품을 구매할 가능성이 높은 집단, 즉 스타트업이 초기에 집중해야 하는 시장을 의미한다.

전체시장(TAM, Total Available Market)은 내가 진출하려는 시장의 전체 크기를 파악하게 해준다. '얼마나 많은 사람들이 이 제품을 원하는가?'를 먼저 떠올리고, 이들이 모두 제품을 산다고 가정했을 때의 크기가 전체시장이다. 최종사용자 프로파일을 충족시키는 사용자 수에 고객 1인당 발생하는 매출액을 곱하면 전체시장의 규모가 나온다. 이 정보는 증권사 리포트, 관련 업계 통계, 시장 리서치 회사들이 제시하는 수치 등을 통해 파악할 수 있다.

전체시장을 파악했다면 유효시장(SAM, Serviceable Available Market)으로 좁혀보자. 유효시장은 전체시장 중 내가 제공하는 서비스로 도달 가능한 시장의 크기를 의미한다. 만약 온라인 서비스만 제공한다면, 전체시장의 크기에 고객들이 온라인을 이용하여 구매하는 비율을 곱해 산정할 수 있다. 온라인 서비스를 이용하는 비율에 대한 통계치가 없다면, 소비 행태를 통해 유추한 가정치(Assumption)를 적용하여 대략의 수치를 도출한다.

마지막으로 거점시장(SOM, Serviceable Obtainable Market)을 산정해야 한다. 거점시장은 내가 제품 또는 서비스를 제공하려는 시장에서 우리 제품을 환영할 만한 고객이 존재하는, 실질적으로 점유 가능한 시장을 말한다.

성공한 창업가들은 소규모 지역을 거점시장 삼아 성공을 거둔 다음, 큰 시장으로 진출하는 것이 성공 가능성이 높다고 조언한다. 거점시장에서 충성고객을 확보하면 입소문을 통해 인지도를 높일 수 있고, 이를 바탕으로 인접시장으로 진출했을 때 성공

에어비앤비가 정의한
전체시장 사이즈

※출처: www.airbnb.com

가능성도 높아지기 때문이다.

유니콘 기업 에어비앤비는 전체시장-유효시장-거점시장을 다음과 같이 정의한다.

에어비앤비는 여행을 위해서 숙소를 예약하는 전 세계 여행객 수인 2Billion(20억)명을 전체시장(TAM)으로 정의한다. 유효시장(SAM)은 호텔이 아닌 중저가 수준의 숙소를 찾는 고객들 중, 온라인 예약을 선호하는 고객 수(Budget & Online)인 560Million(5억 6천만)명으로 정의했다. 이 시장 중 15%의 점유율을 목표로 하여, 84Million(560Million × 0.15 = 8천 4백만)명이 초기 목표시장, 즉 거점시장이 된다.

에어비앤비는 시장 크기뿐만 아니라 '시장 검증' 개념도 중요하게 생각한다. 시장에 에어비앤비의 서비스를 이용하는 고객들이 많을 것이라는 가설이 성립하기 위해서는 시장에 잠재 수요가 존재한다는 것을 입증해야 하기 때문이다. 이를 위해 유사 서비스와 이들의 서비스를 이용하는 고객 수를 활용했다.

1999년 미국 보스턴에 살던 학생들이 만든 '카우치 서핑(couch surfing)'이라는 커뮤니티가 있다. 저렴한 숙소를 찾는 배낭여행객들에게 자기 집의 소파를 무료로 빌려주자는 아이디어로 시작한 사업이다. 숙소의 교류뿐만 아니라 문화의 교류라는 가치를 제공하기에, 67만 명의 회원 수를 확보하고 있었다. 에어비앤비는

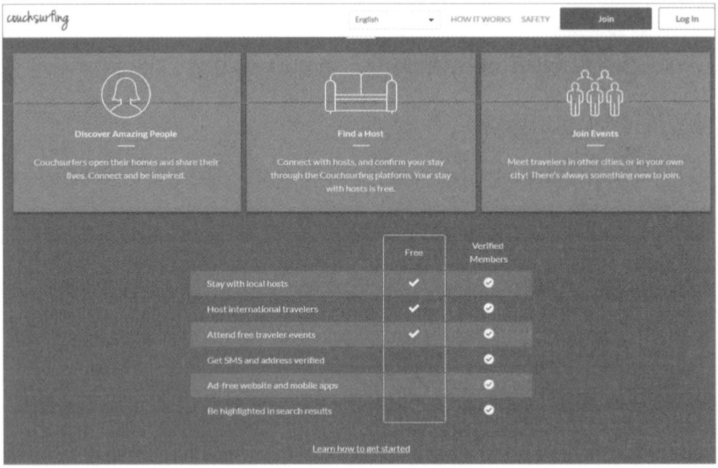

카우치 서핑이 고객에게
제공하는 가치

※출처: www.couch surfing.com

카우치 서핑과 크레이그리스트의 고객 수

에어비앤비는 경쟁사인 카우치 서핑과 크레이그리스트를
이용한 고객 수를 통해 시장에 잠재 수요가 존재함을 파악했다.

※출처: www.airbnb.com

카우치 서핑의 사례를 통해 타인들과 숙소를 공유하고자 하는 사용자들이 존재함을 알 수 있었다. 이들은 에어비앤비의 잠재고객이기도 했다.

'크레이그리스트(craigslist)'는 크레이그 뉴마크가 1995년에 처음 시작한 서비스로, 판매를 위한 개인 광고, 직업, 주택 정보, 이력서 등을 제공하고 정보를 공유하는 광고, 안내 웹사이트다. 미국인들은 크레이그리스트에 임대하고자 하는 집 정보를 올려 부동산을 거치지 않고 주택 임대 거래를 했다. 에어비앤비는 크레이그리스트 이용자들도 잠재고객으로 보았다.

에어비앤비는 두 기업의 수치를 활용해 시장 타당성을 입증하는 자료를 만들었다. 투자자들은 카우치서핑, 크레이그리스트의 고객 수를 통해 잠재시장의 실질적인 수치를 확인할 수 있었다.

Market Potential

시장의 빈틈을 파고들어라

언제나 조연이었던 '부대시설'에서

가능성을 찾아낸

루북

'루북(Roovook)'의 김한결 대표는 호텔리어의 꿈을 안고 인천과 제주의 호텔에서 사회생활의 첫 발을 내디뎠다. 하지만 이내 호텔 산업이 화려한 겉모습과는 달리 노동집약적 서비스 산업임을 깨달았다고 한다. 아직 디지털화되지 않아 비합리적으로 운영되는 부분이 많았고, 수익성도 생각보다 낮았다. 수익성이 낮은 원인은 인건비 비중이 높고 객실과 부대시설이 효율적으로 운용되지 못하기 때문이었다. 김 대표는 특히 부대시설 활용에 대해 많은 생각을 하게 되었다. 일반적으로 호텔은 객실 대여로 수익을 얻을 것이라 생각하지만, 실제 호텔 매출은 '객실 60% : 부대시설 40%'의 비율로 구성된다.

과거에는 호텔이 여행객 또는 출장자들의 숙박 시설 기능에 충실했기에 객실이 주연, 부대시설이 조연의 역할을 해왔다. 따라서 디지털화는 자연스럽게 객실 예약 위주로 진행됐다. 하지만 최근 컨벤션 산업의 부각 등 트렌드 변화에 따라 연회장 같은 시설 환경의 중요성이 부각되었고, 호텔 선택 시 주요 요인이 되었다. 이는 밀레니얼 세대의 등장과도 맞닿아 있다. 소유보다는 경험을 중시하는 경향에 따라, 특별한 콘텐츠와 공간, 즉 '유니크 베뉴(Unique Venue)'에 대한 니즈가 커진 것이다.

과거에는 예산과 위치를 고려하여 행사 장소를 정했지만, 이제는 행사 콘셉트에 부합하는 공간을 먼저 고려하는 쪽으로 흐름이 바뀌고 있다. 또한 핀테크, 블록체인 등 새로운 산업이 부상함에 따라 서로 지식을 공유하고, 네트워크를 형성하는 '밋업(meet-up) 행사'의 빈도수가 높아지고 있다. 밀레니얼 세대가 협업에 적극적이고, 타인과의 연결에 집착한다는 점도 컨벤션 산업의 성장성을 뒷받침하고 있다.

이렇게 우리 주변에 항상 존재해왔던 시장에서, 빈틈을 비

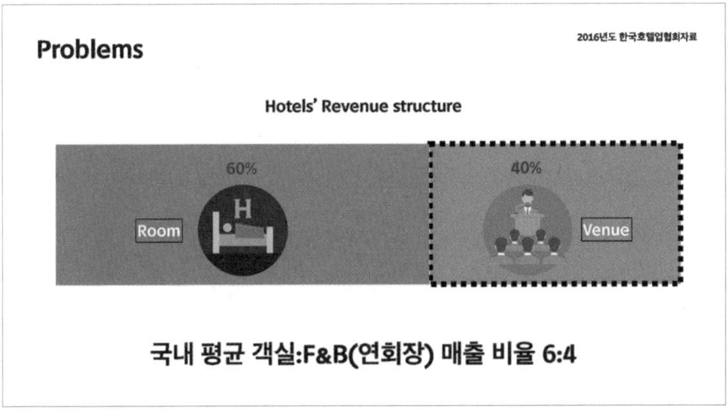

루북이 해결하고자 한 문제

집고 들어가 특정 고객의 니즈만을 반영한 상품을 제공하는 시장을 '니치 마켓(Niche marcket)'이라고 한다.

김한결 대표는 부대시설 활성화를 위해 발로 뛰어야 했던 호텔 직원과 행사를 개최하기에 적합한 연회장을 찾기 위해 여러 웹사이트를 헤매거나 실제 방문까지 해야 했던 행사 기획담당자 모두가 효율적으로 일을 처리할 수 있는 플랫폼을 만들고자 했다. 루북은 직접 방문하지 않아도 안심하고 행사 장소를 예약할 수 있도록 연회장 360도 VR 영상, 테이블 배치 시뮬레이션, 행사 견적 맞춤 서비스 제공 등으로 해결책을 제시한다.

해결하려는 문제와 이에 대한 해결책은 명확하다. 이제는 시장의 크기를 판단할 차례다. 이 시장의 성장 가능성을 보여주는 전체시장은 어느 정도일까? 이는 '대한민국 MICE(컨벤션 산업. 기업회의(Meeting), 인센티브 관광(Incentive tour), 국제회의(Convention), 전시(Exhibition)를 뜻하는 영어 단어의 첫 글자를 딴 말) 통계자료'를 참조하여 쉽게 찾을 수 있었다. 통계에 따라 루북은 전체시장을 1조 6천억 원 규모로 파악했다.

이 중에서 루북은 온라인 예약 플랫폼이므로 오프라인 예약 비율을 제외한 수치가 유효시장이다. 온라인과 오프라인 비율을 5:5라고 가정했을 때, 유효시장은 약 8천억 원으로 볼 수 있다.

마지막으로, 온라인시장에서 초기에 목표로 하는 마켓을

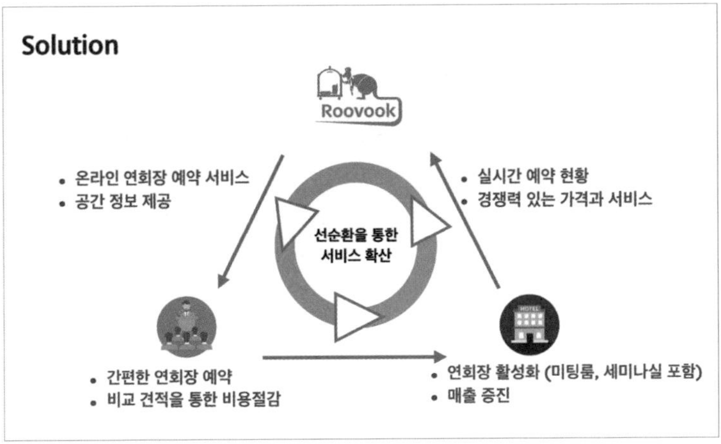

루북이 제시한 솔루션

Market
Potential

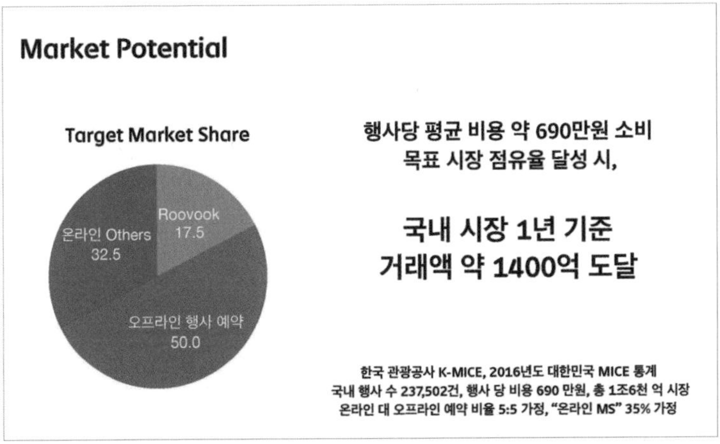

루북이 파악한 거점시장의 규모

가정하여 거점시장의 규모를 산출할 수 있다. 루북의 거점시장은 유효시장 8천억 원의 17.5%인 1,400억 원으로 산출되었다.

이렇게 사업 기획 앞단에서 시장 크기를 책정하면 사업이 어느 정도 규모까지 성장할 수 있을지 예측 가능하다. 특히 '성장하는 시장에 있으며, 사업 확장 시 충분한 수요가 있는 마켓 사이즈'라는 시장 분석 자료는 사업의 성공 가능성을 설득할 때 매우 유용하다.

고객이 원할 때 원하는 서비스를 'On-Demand' 시장의 성장

오토바이 공유 플랫폼에서 결제시스템으로 진출한 **고젝**

인도네시아 자카르타를 다녀온 사람들은 심각한 교통체증을 이야기한다. 걸어서 한 시간 걸릴 거리도 자동차를 타면 한 시간 이상 걸리는 경우가 허다하기에, 오토바이를 많이 이용한다. 이런 시장 환경 때문에 손쉽게 오토바이를 예약하고 이용할 수 있게 돕는 오토바이 O2O(Online to Offline) 플랫폼 '고젝(GOJEK)'은 빠르게 성장하였다.

고젝의 CEO 나디엠 마카림은 어느 날 오토바이 기사와 이

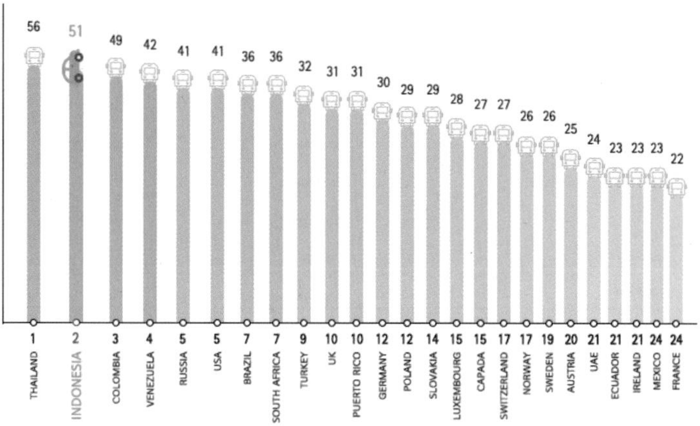

교통체증으로 도로에서 시간을 가장 많이 보내는 나라 2위
'인도네시아'

※출처: INRIX

야기를 나누다 "거리에 한 시간 나와 있으면 그중 70%는 손님을 기다리는 데 쓴다."는 말에서 사업 가능성을 발견했다고 한다.

하지만 인도네시아의 첫 유니콘 기업인 고젝은 단순히 교통수단 O2O 플랫폼 기업이 아니다. 고젝은 놀라운 시장 통찰력을 가진 회사다. 나디엠 CEO는 고젝이 '온디맨드(On-Demand)' 서비스를 제공하는 회사임을 강조한다. 온디맨드란 수요자의 요구에 즉각 대응하는 서비스로, 고객이 원할 때 원하는 서비스를 제공하는 것을 뜻한다. 고젝은 인도네시아에서 온디맨드 서비스를 제공하기 위한 기본 인프라인 오토바이 플랫폼을 구축했고, 이 교통수단을 통해 푸드 딜리버리, 마트 쇼핑 대행, 집청소, 약 배달 등 다

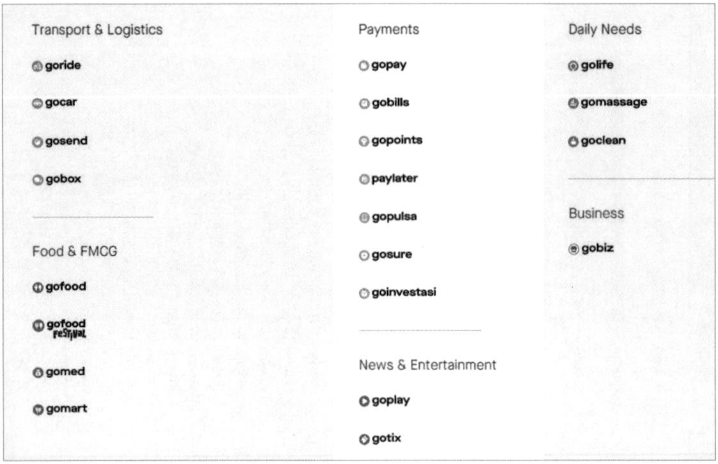

고젝이 진출한 사업 분야를
나타낸 표

양한 서비스를 제공할 수 있었다.

그러나 고젝의 놀라운 시장에 대한 통찰력은 바로 결제시스템(Payment) 영역으로 진출하면서 빛을 발한다. 나디엠 CEO는 '고젝은 결제시스템 분야에 진출하여 게임체인저가 될 것'이라고 설명했다. '게임체인저'는 기존 시장에 엄청난 변화를 야기할 정도의 혁신적 아이디어를 가진 사람이나 기업을 말한다.

나디엠 CEO는 인도네시아의 대표적인 로컬 슈퍼마켓 체인을 인수했다. 일상적인 소비가 자주 이루어지는 슈퍼마켓에서 고젝의 결제시스템인 '고젝페이'를 편하게 이용할 수 있도록 했고,

지금은 고젝페이로 고젝이 제공하는 모든 서비스를 5초 만에 결제할 수 있는 환경이 구축되었다.

변화를 체감하고, 확장하라

<u>유기견을 반려견으로 우리를 잇는 공간,</u>

<u>도그어스플래닛</u>

최근 몇 년간 큰 성장을 보인 업계를 꼽으라면 망설임 없이 '반려동물' 분야라고 답하겠다. 한국농촌경제연구원은 국내 반려동물 시장 규모가 2015년 1조9000억 원에서 2020년 3조4000억 원으로 5년간 78.9% 성장했다고 보고 있다. 오는 2027년에는 6조55억 원 규모로 커질 것으로 예상된다.

대학교에서 동물생명공학을 전공한 김효진 대표는 반려견 훈련과 케어에 지속적으로 관심을 갖고 공부해왔다. 시간이 날 때마다 유기견 보호소에서 유기견들을 돌봐주고, 후원금 지원도 해보았지만 이는 일시적인 해결책이었다. 보다 근본적인 해결책은 이들에게 새로운 가족을 찾아주는 것이었고, 이를 위해 가장 필요한 것은 '교육'임을 깨닫게 되었다. 이를 직접 해결하고자 행동교정사 및 반려동물관리사 자격증을 취득했고, 이 과정에서 만난 훈

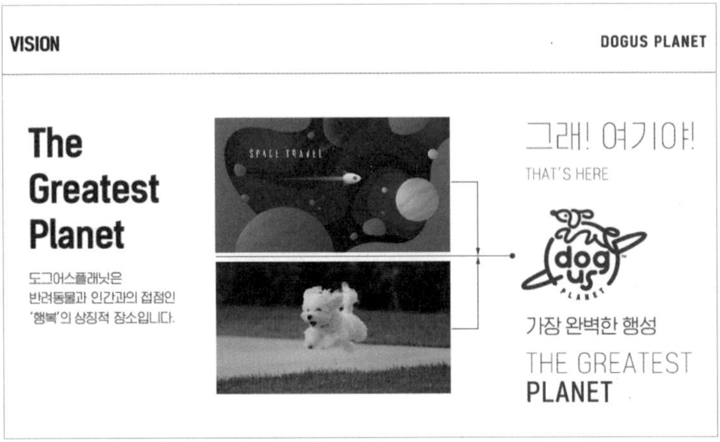

도그어스플래닛이 담고 있는 비전

련사들과 함께 반려견 교육센터 '도그어스플래닛'을 창업하게 되었다.

유기견들이 훈련을 받을 수 있으면서도, 새로운 가족을 만나 소통할 수 있는 공간을 찾던 중 다행히 유기견 문제 해결에 공감하는 분들을 만나게 되었고, 경동시장 옥상을 활용해 반려견들이 뛰어놀 수 있는 놀이터를 조성했다.

김 대표는 도그어스플래닛을 운영하면서 반려동물을 키우고 싶어하는 사람들이 증가하고, 특히 1인 가구의 증가로 평일에 반려동물을 돌봐줄 수 있는 서비스의 수요가 증가한다는 것을 체감할 수 있었다. 반려인의 문제 또한 해결하기 위해 반려견 행동

교정 프로그램, 노령견 케어, 재활 프로그램 등의 교육과정을 추가했고, 삼성점과 영종도점을 오픈하며 반려견 유치원과 호텔 서비스 영역까지 카테고리를 확장 중이다.

중국은 2018년 한 해 동안 74개의 유니콘 기업이 탄생했을 정도로 창업 열풍이 불고 있다. 중국 시장의 가장 큰 이점은 '14억 인구'라는 큰 소비 시장이다. 대규모 시장에는 인구 수 이상으로 다양한 욕구를 가진 소비자가 존재하며, 그래서 다양한 니치마켓이 존재한다. 중국은 각 소비재 영역, 품목별 식품 영역, 영유아 시장만을 타깃팅한 스타트업도 유니콘이 될 정도로 큰 시장이며, 성장이 더디게 진행된 소도시만을 타깃팅한 모델 등 다양한 시장 기회가 존재하는 곳이다.

중국의 주요 벤처 캐피털인 '레전드캐피털'은 지금까지 약 30개의 유니콘 기업들에 초기 투자를 했다. 레전드캐피털은 자신들이 투자한 중국 유니콘 기업의 유형을 분석한 결과 3가지로 구분할 수 있었다고 한다.

첫 번째는 '흙수저 루키'형이다. 이들은 뛰어난 하드웨어 능력과 소프트웨어 기술을 가지고 중국의 경쟁력을 바탕으로 해외 시장을 개척한 이들이다.

두 번째는 '금수저'형이다. 이들은 대기업의 사업부로 시작하여 모기업 등으로부터 고객 데이터, 자금력, 기술력 등 풍부한 자원을 지원받는다. 모바일 교육 플랫폼기업인 '쭈워예방'이 그 예인데, 이들은 중국의 인터넷 검색 기업 '바이두'에서 진행한 사내 인큐베이팅 프로젝트로 시작했다.

쭈워예방은 초기에 학생들이 모르는 문제를 사진 찍어 앱에 올리면, 자사 데이터베이스에서 유사한 문제를 검색해 7초 만에 풀이 과정을 제공하는 서비스로 시작했다. 서비스가 확산되는 것을 보고 잠재력을 확인한 바이두가 지분 투자를 하면서 독립 법인으로 발전했고, 현재는 온라인 강의까지 서비스를 확장하여 중국의 초중고 학생 10명 중 7명이 사용하는 거대 학습 플랫폼으로 성장했다.

세 번째는 '샤오미'의 창업자 레이쥔의 창업 철학에 부합하는 것으로 '날아가는 돼지' 유형이다. 레이쥔은 '태풍의 길목에 서면 돼지도 날 수 있다.'라고 말하며 시대적 트렌드에 부합하는 비즈니스 모델의 중요성을 강조한다.

이 유형의 유니콘 기업들은 모바일 인터넷, O2O, 공유경제, 무인경제, 신유통, 소셜커머스 등의 분야에서 사업 기회를 찾았고, 거액의 투자를 유치하며 빠르게 성장했다. 이 '날아가는 돼지' 유형의 스타트업은 사업 초기 '사용자 수를 확보하는 것'에 집중한다. 비록 명확한 수익 모델이 없더라도 말이다.

날아가는 돼지 유형의 스타트업들은 '태풍의 도움'으로 날아오를 수 있기 때문에, 태풍이 지나가기 전에 스스로 날 수 있는 능력을 갖출 수 있는지에 따라 운명이 달라진다. 이들은 3가지 생존법으로 사업을 지속적으로 확장할 수 있다. 기술 장벽을 구축하여 후발주자와 차별화함으로써 수익 모델을 구축하거나, 압도적인 점유율을 바탕으로 규모의 경제를 실현하여 원가경쟁력을 확보하거나, 대기업 인수나 대규모 투자 유치를 통한 안정적인 자금 조달로 사업을 유지하는 생존법이다.

사회의 문제점을 찾아내고 이를 해결하려는 과정은 충분히 의미 있다. 하지만 여기까지는 구름 위의 세상이다. 이제 현실 세계로 내려와서 수치, 즉 객관적인 데이터를 통해 검증하고 입증해야 한다. 특히 투자자 관점에서 시장 규모는 투자 여부를 결정하는 데 중요한 부분이다. 실리콘밸리에서는 일반적으로 전체 시장 규모가 '1조 원(1billion)' 이상인 시장, 그리고 성장하고 있는 시장에 투자한다고 한다. 그래서 창업가에게는 시장의 트렌드를 읽고, 정확한 타이밍에 시장에 진입할 수 있는 능력이 요구된다. 또 향후의 시장 흐름을 읽을 수 있는 안목이 있어야 한다.

창업가에게 시장을 읽는 그 1%의 눈은 99%의 땀방울과 노력 이상으로 중요할 수도 있다.

4

비즈니스 모델

Business Model

지속적으로 돈을 버는 방법 '남다른 무언가'

Business Model

더 단순하게, 더 간단하게 그려보는 비즈니스 모델 캔버스

>> 7가지 요소로 찾아본 1위 와인앱의 비밀, 비비노

판매량이 적은 다수의 아이템이 시장을 주도하다

>> 틈새 영화로 만든 블록버스터 이야기, 넷플릭스

명확한 가치 제공이 새로운 수익 모델을 만들다

>> 가격이 아닌 표준화된 서비스로 증명한 가치, 오요룸즈

익숙한 보통의 과정을 의심하라

>> 중간 단계를 없앤 델 컴퓨터

규제라는 벽을 두드려라

>> 커피 한 잔으로 오피스에 투자하라, 카사

세 꼭짓점을 연결해 신뢰의 선순환을 구성하라

>> 1인 1중개에서 시작된 '플랫폼-매물-중개인'의 연결고리, 밸류맵

구매자를 재정의하고 새로운 습관을 만들다

>> 문서를 편집하는 사람은 유료, 읽는 사람은 무료, 어도비

삶의 기본인 의식주에서 확장하라

>> 온라인과 오프라인을 연결한 메이투안

'우리'를 위한 가치를 제안하다

>> 새로운 시장을 창출하고, 해양 환경을 살리는 넷스파

1장에서 알아보았듯, 시장의 문제점을 발견하는 것으로부터 아이디어가 시작된다. 이를 해결할 솔루션도 시장 테스트를 통해 검증되었고, 초기 진입 시장을 시작으로 도달 가능한 시장 규모까지 찾아냈다면 가능성은 어느 정도 입증되었다고 봐도 된다. 이제는 이 아름다운 스토리를 어떻게 현실로 구현할 것인지 고민해야 하는 단계다.

서두가 아름다울 수 있는 이유는 특정 시장 또는 고객, 어떤 경우에는 사회 전반의 문제점을 해결해주는 '의미'에 집중했기 때문이다. 그러니까 멋진 상상화를 그리는 과정이었던 셈이다. 하지만 이제는 현실 세계에 발을 딛고 팀원이나 투자자까지 모두 설득시킬 수 있는 '수익 모델'을 구축해야 한다. 이 단계에 '비즈니스 모델'이 적용된다.

비즈니스 모델은 시대의 흐름, 소비자의 변화에 따라 변화한다. 우리는 끊임없이 진화하는 시대에 살고 있으므로 초기에 구축한 비즈니스 모델은 언제든 변할 수 있다. 조안 마그레타는 비즈니스 모델에 대해 다음과 같이 전했다.

> 어떤 비즈니스 모델도 지금 그 자리에 영원히 고정될 수는 없다.
> 이야기는 계속 나아가고 진화하며 변화하기 때문이다.
> 본질적으로 비즈니스 모델도 시장에서 끊임없이 테스트되어야 하는 이론이자, 이야기다.
>
> - 조안 마그레타 《경영이란 무엇인가》

중요한 건 비즈니스 모델이 타당한지 검증하는 것이다. 비즈니스 모델이 타당한지 검토하기 위해 하버드 경영대학원의 클레이튼 크리스텐슨 교수가 말하는 4가지 핵심 요소를 알아보자. 그리고 성공적으로 비즈니스 모델을 구축한 기업들의 사례를 통해, 어떻게 새로운 가치를 만들어내는 혁신적인 비즈니스 모델을 구축하고 구현할 수 있을지 생각해보자.

1. 고객가치 제안

2. 수익 공식

3. 핵심 자원

4. 핵심 절차

그는 "서로 얽힌 네 가지 요소들이 한데 모여 가치를 창출한다."라고 말한다. 그중에서 가장 중요한 요소는 '고객가치 제안'이다. 고객에게 남들과 다른, 어떤 '무언가'를 제공할 것인가가 기본이 되는 것이다. 고객가치를 바탕으로 변화하는 시장에 맞춰 지금보다 새롭고 나은 방법을 발견하고 구현해가는 것이 스타트업 정신 아닐까?

비즈니스 모델=
회사가 굴러가는 원리

Business
Model

성공적인 비즈니스 모델을
구축하고 싶다면 기본으로 돌아가라

'비즈니스 모델'이라는 단어를 처음 사용한 사람은 폴 티머스라는 경영학자였다. 그는 '비즈니스 모델이란 상품, 서비스, 정보의 흐름 등을 엮어내는 사고의 틀이며, 이러한 사고의 틀에는 사업을 영위하는 광범위한 이해 당사자들의 역할과 잠재적 이익 가능성, 매출의 원천 등이 담긴다.'고 말했다. 쉽게 표현하자면 비즈니스 모델이란 '한 회사가 어떻게 돌아가는가에 대한 이야기'라고 할 수 있다.

이론은 진화하고 발전한다. 이후 수많은 학자들이 비즈니스 모델에 대하여 연구해왔고, 지금도 현재 진행 중이다. 다른 학자들은 비즈니스 모델을 어떻게 정의했는지 보자.

> 비즈니스 모델이란 회사나 조직이 고객과 모든 이해 관계자들을 위해 어떻게 가치를 창출하고 어떻게 성과를 낼 수 있을지 그 방법을 담은 가정을 모아놓은 것이다.
>
> \- 조안 마그레타의 《경영이란 무엇인가》 중에서

> 비즈니스 모델은 고객에게 가치를 제공하고 그 대가로 내가 취할 수 있는 가치를 결정하는 기준과 방법이다. 이 말은 이윤을 지출 비용이나 원가를 기준으로 해서 자의적으로 정하는 게 아니라 고객이 얻는 가치를 바탕으로 결정한다는 의미다.
>
> \- 빌 올렛의 《스타트업 바이블》 중에서

> 비즈니스 모델이란 하나의 조직이 어떻게 가치를 포착하고 창조하고 전파하는지, 그 방법을 논리적으로 설명한 것이다.
>
> \- 알렉산더 오스터왈더의 《비즈니스 모델의 탄생》 중에서

저명한 학자들이 비즈니스 모델을 정의할 때, 공통적으로

강조하는 것이 있다. 바로 고객에게 제공하는 가치에 관한 것이다. 이 가치 제안이 명확해야 그로 인한 수익 창출이 가능해지고 일련의 프로세스에 대한 이야기에 설득력이 실린다. 고객가치 제안이 명확하지 않다면 아무도 그 제품 또는 서비스를 사려고 하지 않을 것이기 때문이다. 따라서 서두에서 명확한 고객가치 제안을 찾은 뒤 비즈니스 모델 구축 단계로 넘어가야 한다. 고객 입장에서 자신에게 필요하다고 생각하는 것을 만들어낼 수 있을 때, 비로소 회사는 성과를 낼 수 있다.

다양한 경영 서적에서 비즈니스 모델을 이야기하고, 수많은 창업가들은 여전히 비즈니스 모델을 만들고 이를 검증하기 위해 많은 시간을 할애하고 있다. 저널리스트이자 작가인 마이클 루이스는 책 《뉴뉴씽》에서 비즈니스 모델은 한마디로 '돈을 버는 방법'을 뜻한다고 말하며 '예를 들면, 마이크로소프트의 비즈니스 모델은 만드는데 하나에 50센트밖에 들지 않는 소프트웨어를 120달러로 뻥튀기해서 파는 것.'이라고 비유하여 설명한다. 이 말에 따르면 비즈니스 모델은 수익 모델, 즉 돈을 버는 방법일 것이다.

하지만 창업가는 일시적으로 수익을 내는 것뿐만 아니라 어떻게 '지속적으로' 수익을 낼 것인가를 고민해야 한다. 그래야 오랫동안 생존하면서 처음 정의했던 문제를 해결할 수 있기 때문이다. 그래서 경영학자들은 "비즈니스 모델에는 회사가 돈을 버는 방법 그 이상의 것, 즉 경영에 가장 핵심이 되는 체계적인 사고가 담겨 있어야 한다."고 말한다.

시장에는 언제나 경쟁자가 존재한다. 시간차는 있더라도 누구나 비슷한 생각을 할 수 있기 때문이다. 그런데 같은 문제점을 포착하고, 이에 대한 유사한 솔루션을 생각했더라도 누군가는 성공하고, 누군가는 경쟁에서 밀려난다. 둘의 차이는 대부분 '고객에게 제공하는 가치'에 있다. 전자는 단순히 문제만 해결해주는 것이 아니라, '남들과 다른 무언가'를 같이 제공한다.

그 '무언가'는 탁월한 편리함이라던가, 놀랄 만큼 저렴한 가격, 엄청난 시간 절약 등 이성적인 것에서부터 이미지, 자부심, 소속감 등 감성적인 것까지 매우 다양하다. 이런 의미에서 비즈니스 모델은 '고객에게 가치를 제공하는(CVP, Customer Value Proposition) 대가로 수익을 얻는 체계'라고 정의할 수 있겠다.

비즈니스 모델을 가장 효율적으로 표현하는 법

비즈니스 모델을 가장 효율적으로 표현하는 방법은 무엇일까? 고객 반응에 따라 빠르게 실행하고 피버팅하기 위해서는 단 한 장의 기획서가 가장 효과적이다. 수십 장의 빽빽한 보고서는 시장 테스트를 통해 검증이 된 후에 작성해도 늦지 않다.

《비즈니스 모델의 탄생》의 저자 알렉산더 오스터왈더가 제시한 '비즈니스 모델 캔버스'는 비즈니스 모델을 구축할 때 가장 많이 쓰이는 양식이다. 알렉산더는 성공적인 비즈니스 모델을 구축하기 위해 9가지 요소가 필요하다고 말한다. 9가지 요소란, 핵심 활동(Key Activities), 핵심 파트너십(Key Partnerships), 핵심 자원(Key Resources), 비용 구조(Cost Structure), 고객 관계(Customer Relationships), 고객 세그먼트(Customer Segments), 가치 제안(Value Propositions), 채널(Channels), 수익원(Revenue Streams)이다. 단번에 이 9가지를 모두 채울 수 있는 창업자는 거의 없다. 하지만 순서에 따라 스토리를 만들다 보면 비즈니스 모델을 구축할 수 있다.

1. 고객 세그먼트(Customer Segments): 타깃고객을 세분화하는 과정이다. "누가 우리의 가장 중요한 고객인가?"라는 질문을 통해 답을 찾을 수 있다.
2. 가치 제안(Value Propositions): "타깃고객에게 어떤 가치를 전달할 것인가?", "우리가 제공하려는 가치가 고객이 처한 문제점을 해결해줄 수 있는가?"를 질문한다.
3. 채널(Channels): 타깃고객에게 가치를 제안하기 위해 커뮤니케이션을 하고, 상품이나 서비스를 전달하는 가장 효과적인

방법을 찾는다. "고객에게 다가가기 위해 어떤 채널이 가장 효과적일까?"라는 질문에서부터 시작하자.

4. 고객 관계(Customer Relationships): 타깃고객과 어떤 형태의 관계를 맺을 것인가를 의미하며, 고객을 확보하고 유지하여 판매를 촉진하기 위해 꼭 필요한 요소이다. 예를 들어, 제공하는 서비스에 대한 마니아층이 존재한다면 이들을 위한 커뮤니티 조성이 효과적이다.
5. 수익원(Revenue Streams): 기업이 창출하는 수익을 의미한다. 수익원을 파악하기 위해 타깃층이 어디에 기꺼이 돈을 지불하는지 조사하고, 시장 테스트도 반드시 해봐야 한다.
6. 핵심 자원(Key Resources): 비즈니스를 원활히 진행하는 데 가장 필요한 주요 자산을 말한다. 물적 자원, 지적 자산, 인적 자원 등이 여기에 포함된다.
7. 핵심 활동(Key Activities): 비즈니스를 영위하기 위해 꼭 해야 하는 중요한 일을 말한다. 플랫폼 제공이 될 수도 있고, 하드웨어 스타트업의 경우에는 제품을 제작하고 운송하는 등의 생산 활동이 여기에 해당된다.
8. 핵심 파트너십(Key Partnerships): 비즈니스를 원활히 작동시켜줄 수 있는 공급자 또는 구매자, 전략적 파트너 등이 해당된다. 비즈니스를 수행함에 있어 필요한 모든 자원을 보유하

거나 모든 활동을 직접 수행하는 기업은 거의 없으므로, 파트너가 누구이며 어떤 성격을 가지고 어떤 역할을 하는지 정의하는 것도 매우 중요하다.

9. 비용 구조(Cost Structure): 비즈니스 모델을 운영하는 데서 발생하는 모든 비용이다. 비용을 최소로 쓰기 위해 어떤 프로세스를 취할지도 이 단계에서 고민한다.

더 단순하게, 더 간단하게 그려 보는 비즈니스 모델 캔버스

7가지 요소로 찾아본 1위 와인앱의 비밀,

비비노

비즈니스 모델 캔버스의 9가지 요소를 완벽하게 채우는 일은 쉽지 않다. 특히 아이템을 선정하는 단계이거나, 시장 테스트 이전 단계에서는 보다 간소화된 비즈니스 모델 캔버스가 필요하다. 창업가들도 같은 생각을 했나 보다. 와인을 좋아하는 사람이라면 한 번쯤은 접해봤을 애플리케이션 '비비노(VIVINO)'의 창업가 하이니 자카리아슨은 기존의 비즈니스 모델 캔버스를 수정하여 7가지 요소로 간추렸다.

비비노는 유저들이 와인을 마실 때, 라벨을 촬영하고, 리뷰와 평점(rating)을 남겨 다양한 와인에 대한 데이터를 축적한다. 기업에서 제공하는 정보가 아닌, 유저들이 직접 작성한 정보만을 제공하기에 신뢰도가 높아 많은 와인 애호가들이 사용하는 앱이 되었다. 비비노의 수익 모델은 와인 온라인 판매에 대한 매출수수료이다. 지금까지 약 5천 500만 달러(약 600억 원)의 투자를 유치하고, 수많은 와인앱 중 1위 자리를 차지한 비비노의 장점은 무엇보다 이용하기 편리하다는 것이다.

비비노의 비즈니스 캔버스는 7가지 요소로 구성되어 있다. 문제 인식(Problem), 해결책(Solution), 고객(Customer), 채널(Channel), 탁월한 장점(Unfair Advantage), 비용(Cost), 수익(Revenue)이다.

1. 문제 인식(Problem): 슈퍼마켓에서 와인을 고를 때, 레스토랑에서 와인을 주문할 때 많은 사람들이 이렇게 생각한다. '나는 어떤 와인이 좋은지 모르는데, 뭘 마셔야 할까?' 소믈리에나 와인 애호가 같은 소수의 와인 전문가들을 제외하고는 많은 이들이 공감하는 문제점이다.
2. 해결책(Solution): 비비노는 이 문제를 아주 간단하게 해결한다. 그동안 가장 보편적인 방법은 구글에서 와인 이름을 검색하는 것이었다. 그러나 검색을 해도 어떤 특징이 있는지, 모든 와인에 대하여 명쾌하게 나오지는 않는다. 우선 와인 이름을 입력하고, 검색 결과 중 가장 신뢰도 높은 자료를 선택

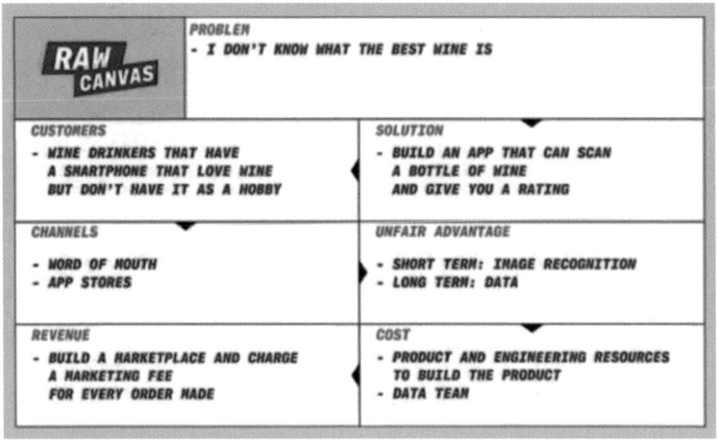

비비노가 수정한 비즈니스 모델 캔버스

하기까지, 통상 3분 이상이 걸린다. 이렇게 와인을 찾는 행동 패턴을 바꾸기 위해 비비노는 10배 이상 쉽고 간편한 솔루션을 제공한다. 앱을 켜고, 와인 라벨을 촬영하는 것만으로 해당 와인이 별 5개 중에 몇 개의 평가를 받았는지, 어떤 특징이 있는지, 어떤 음식과 어울리는지 단번에 찾을 수 있다. 3초면 충분하며, 구글 검색보다 재미있다.

3. 고객(Customer): 타깃고객은 와인을 좋아하지만 전문적인 지식은 없는 와인 애호가들이다. 전 세계적으로 와인 시장이 커지고 있기 때문에, 매력적인 시장이라고 할 수 있다. 3장의 내용을 되짚어보자. 비비노의 전체 시장은 미국에서 와인을 구

매하는 300Billion(3천억)명이다. 이 중에서 레스토랑, 와인 바 등에서 소비하는 와인 수요가 25%라고 한다. 따라서 25%를 제외한 75%를 적용하면 225Billion(2천 250억)명이다. 이 중 고객이 오프라인 매장에서 직접 와인을 구매하는 수요인 191Billion(1천 910억)명을 제외한 34Billion(340억)명이 온라인 마켓 수요가 될 것이다.

이 34Billion(340억)명이라는 숫자는 현재 기준이기에 다소 보수적인 관점일 수 있다. 시장 성장률을 감안한 수치로의 변경이 필요하다. 온라인으로 와인을 구입하는 고객이 증가하고 있고 온라인 플랫폼 기술 또한 발전하고 있다는 시장 환경을 반영하여, 3년 후 2배로 성장할 것이라고 가정한다면 68Billion(680억)명이 된다. 성장률 예측이 정확할 수는 없다. 그러나 논리 전개만 명확하다면 이후에 얼마든지 수정할 수 있기에, 사업 초기일지라도 기준을 수립하고 가는 것이 좋다.

4. 채널(Channel): 사업이 성숙한 이후에는 비용을 들여 더 효과적인 채널을 구축할 수 있겠지만, 사업 초기 비비노는 사용성이 뛰어난 앱을 만드는 데에 집중했다. 정확히 문제를 해결해주는 앱이라면 사람들이 몰려드는 것은 시간문제라 생각했다. 더욱이 와인은 여럿이 함께 마시기에 좋은 주류이기에, 파티나 모임에서 와인을 소비하는 경우가 많다. 이 모임 중에

한 명이 비비노의 팬이라면, 그 모임의 모든 사람들에게 입소문을 낼 수 있다.

5. 탁월한 장점(Unfair Advantage): 전 세계적으로 수천 개의 와인앱이 있는데, 비비노의 강점은 무엇일까? 비비노는 사진을 찍는 것만으로 와인을 검색할 수 있다는 뛰어난 UX를 가지고 있고, 장기적으로는 전 세계의 다양한 와인에 대한 평점이 쌓이고 있어, 이 데이터의 축적이 타사 대비 엄청난 강점이 될 것이다.
6. 비용(Cost): 사업 초기에 앱을 만들기 위한 개발 인력, 그리고 데이터 분석을 위한 인건비에 많은 비용이 지출된다.
7. 수익(Revenue): 비비노는 곧바로 수익을 내기보다 와인을 좋아하는 사람이라면 누구나 무료로 이용할 수 있도록 하여 많은 사용자가 모이고 막강한 데이터가 쌓이는 것에 집중하였다. 그 결과 글로벌 No.1 와인앱으로 알려지면서 와인을 팔거나 알리려는 주류 회사들이 먼저 협업을 요구해왔다. 현재 비비노는 와인 온라인 마켓플레이스로서 와인 판매에 대한 수수료를 수익으로 가져가고 있다. 온라인 와인 시장 중 몇 퍼센트를 목표시장으로 가져갈지에 따라 앞으로의 매출액을 추산해볼 수 있다.

새로운 비즈니스 모델, 롱테일 비즈니스

판매량이 적은 다수의 아이템이 시장을 주도한다

틈새영화로 만든 블록버스터 이야기,

넷플릭스

전 세계 시장에는 수많은 경쟁사가 존재한다. 인지도가 높은 글로벌 브랜드도 다수 존재하고, 새롭게 부상하며 시장점유율을 높여가는 스타트업도 있다. 이제 막 시장에 진출하고자 하는 스타트업이 들어갈 자리는 거의 없어 보인다. 하지만 이런 척박한 시장 환경 속에서도 유니콘 기업이 된 스타트업이 있다. 바로 틈새 시장을 찾고, 롱테일 전략으로 접근한 '넷플릭스(Netflix)'이다.

'롱테일(The long tail)'이라는 개념은 《롱테일 경제학》의 저자 크리스 앤더슨 박사에 의해 처음으로 제기되었다. 롱테일 법칙 이전에 통했던 '팔레토 법칙(Pareto principle)'은 전체 성과의 대부분(80%)이 몇 가지 소수의 히트 아이템(20%)에 의존한다고 설명한다. 이에 반해 롱테일 법칙은 '인터넷과 모바일 혁명을 통해 채널이 다양화되었고, 고객들의 욕구도 다양해짐에 따라 이제는 판매량이 적은 다수의 아이템(80%)이 시장을 주도하게 될 것'이라고 주장한다. 즉 소수 히트 아이템의 판매량보다 다수 틈새상품의 합계가 더 크다는 것이다.

'넷플릭스(Netflix)'가 대표적인 롱테일 전략의 성공 사례이다. 넷플릭스가 초기에 DVD 렌털서비스로 사업을 시작했을 때, 틈새영화(극장에서 개봉했을 때 큰 반향을 일으키지 못한 영화 혹은 영화관에서 개봉하지 못해 VOD 서비스로만 볼 수 있는 영화)들은 상대적으로 대여 빈도가 낮았지만, 수많은 틈새영화들로부터 얻는 총 수입은 블록버스터 영화 한 편의 대여 수입보다 컸다고 한다.

소비자들은 넷플릭스라는 플랫폼을 통해 웹툰드라마, 독립영화, 로컬영화 등 극장에서 개봉하지 않는 영화를 접할 수 있는 다양한 기회를 제공받게 되었다. 콘텐츠 제작자 측면에서도 기존에는 수익성 때문에 시도하지 못했던 틈새영화들을 제작할 수 있게 되었다. 다품종 소량생산이 가능한 데에는 플랫폼, 그리고 이 플랫폼을 언제 어디서든지 이용할 수 있는 인터넷·모바일 혁명이 큰 역할을 했다고 할 수 있다. 이런 시장의 흐름을 읽는다면 누구에게나 비즈니스 모델 혁신의 기회가 있다.

명확한 가치 제공이 새로운 수익 모델을 만들다

가격이 아닌 표준화된 서비스로 증명한 가치, **오요룸즈**

인도의 스타트업 '오요룸즈(OYO Rooms)'는 숙박시장에서 브랜드 인지도가 높은 호텔 시장이 아닌, 중저가 숙박시설을 공략했다. 오요룸즈의 CEO 리테쉬 아가월은 어린 시절 '앙트레프레너(Entrepreneur, 기업가)'라는 단어를 우연히 접했고, 그날 이후부터 세상을 변화시키는 혁신가가 되겠다고 다짐했다. 인도 사회의 문제점을 찾아 이를 해결하고자 하겠다는 마음을 갖고 있던 리테쉬는 인도의 중저가 호텔이 여행객들에게 최소한의 기본적인 니즈도 충족시켜주지 못한다는 문제점을 인식하게 된다.

이에 대한 해결책은 인도 여행객들에게 합리적인 가격에, 안락하고 편리하며 신뢰할 수 있는 공간을 제공하는 것이었다. 리테쉬는 이를 위해 'OYO(On Your Own)'라는 브랜드를 만들어, 인지도가 없고 서비스의 질이 낮았던 중저가 숙박 시설이 표준화된 서비스를 제공할 수 있도록 돕는 플랫폼을 구축했다.

오요룸즈는 여행객과 중저가 호텔 소유자와 운영자가 가지고 있는 문제점을 해결하는 데서 아이디어를 찾을 수 있었다. 인도의 자유여객은 증가하고 있으나, 이들은 합리적인 가격에 믿을 수 있는 서비스를 제공하는 중저가 호텔에 대한 정보를 얻기 어려웠다. 중저가 호텔 운영자 측면에서는 숙박 시설을 마케팅하고 홍보하기 위해 많은 시간과 자금을 투입해야 했다. 이들은 마케팅 및 홍보, 서비스의 질, 관리 등에 있어서도 인지도가 높은 브랜드 호텔과 비교하여 전문적인 역량이 부족했다. 이러한 문제점들은 오요룸즈가 제공하는 교육과 플랫폼을 통해 해결할 수 있었다.

오요룸즈가 고객에게 제공하는 가치는 명확하다. 기업 소

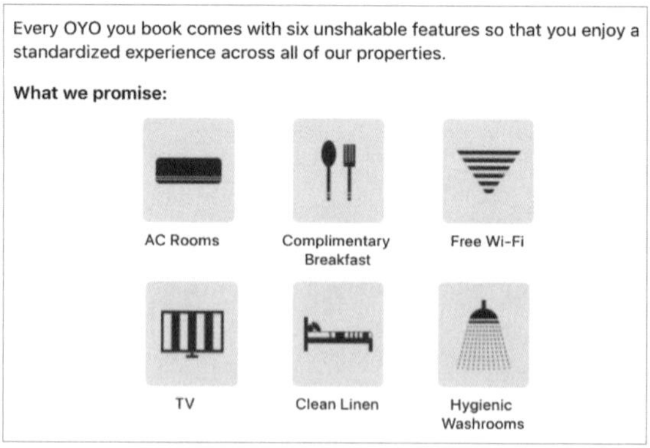

오요룸즈가 제공하는 표준화된 시설들

개를 보면 '오요룸즈는 표준화된 서비스를 합리적인 가격에 제공하며, 실시간으로 업데이트한 정보를 모바일 또는 인터넷을 통해 3번의 터치로 5초 안에 믿고 결제할 수 있는 플랫폼'을 표방한다고 밝히고 있다.

이렇게 확실한 고객가치를 제공한 오요룸즈는 롱테일 전략을 통해 짧은 시간 동안 사업을 확장할 수 있었고, 그 결과 인도의 주요 호텔(파레토 법칙에서 말하는 20%의 히트 상품)보다 더 많은 객실 수를 보유하게 된다.

리테쉬는 오요룸즈를 2013년에 창업했다. 이후 동남아시아의 가장 큰 호텔 체인으로 성장하여 전 세계에서 가장 빠르게 확장한 호텔 체인이 되었다. 어떻게 이런 일이 가능했을까? 리테쉬는 오요룸즈의 비즈니스 모델의 한 부분을 아래 사업 계획서와 같이 설명했다. 이 사업 계획서는 소규모 숙박 시설의 소유자와 운영자에게 오요룸즈가 제공하는 가치와 이를 실현하기 위한 프로세스를 명확하게 담고 있다.

오요룸즈도 에어비앤비나 집카처럼 잉여 자원을 활용한 케이스다. 중저가 호텔의 소유자 중에는 본업은 따로 있고, 부업으로 숙박 시설을 운영하는 경우가 많았다. 이들은 전문적인 역량을 가지고 있지 않아 인테리어 공사, 호텔 운영 등을 체계적으로 하지 못했다. 자연히 객실 점유율도 낮았다. 그럼에도 불구하고 소유주

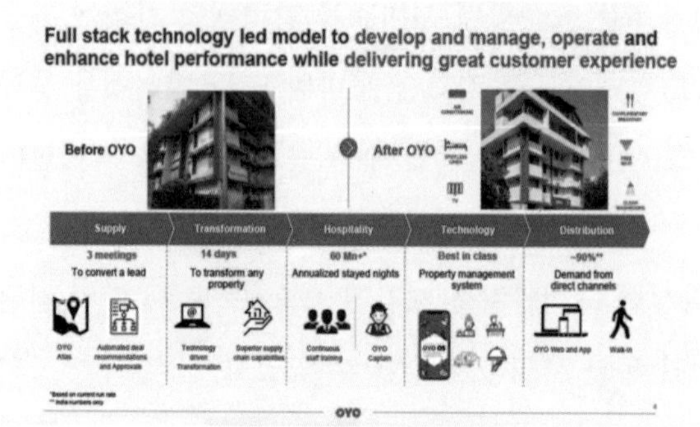

호텔의 운영 역량 강화, 서비스 개선을 위해 전천후 관리를 지원하며,
고객에게는 전반적으로 탁월한 경험을 제공합니다.

는 부동산 자산 가치의 상승을 기대하며 기존의 방식대로 운영하고 있었다. 오요룸즈는 이를 표준화된 프로세스에 따라 바꾸고, 믿을 수 있는 오요룸즈 플랫폼을 통해 고객들에게 홍보함으로써 객실 점유율을 평균 90%까지 향상시켰다. 오요룸즈가 고객, 숙박 시설 공급자에게 제공하는 가치가 명확하기에 이에 대한 대가로 수수료(호텔 운영 수익에 대한 수익 분배 또는 호텔 운영 수수료)를 받는 수익 모델을 만들 수 있었다.

롱테일 비즈니스 모델은 틈새고객에게 집중한다. 이렇게 롱테일 전략이 가능해진 배경에는 온라인과 모바일의 발전, 공유경제의 확산, 밀레니얼 세대의 부상 등 시대적인 변화도 영향을 주었다.

당연함을 뒤엎는 비즈니스 모델

익숙한 보통의 과정을 의심하라

중간 단계를 없앤

델 컴퓨터

오스트리아 출신의 경제학자 조지프 슘페터는 '혁신에 의해 경제가 발전한다.'는 이론을 처음으로 제기했다. 슘페터는 자본주의 사회에서 경제발전의 원동력이 무엇인지 물었고, 그 답을 '혁신'에서 구했다. 그렇다면 혁신을 담당하는 주체는 누구일까? 그것은 기업가이다. 따라서 슘페터는 기업가에 관해 다음과 같이 말했다.

"기업가는 혁신을 수행하는 경우에 존재의 의의가 있다. 따라서 이미 그가 창설한 기업을 단순히 순환적으로 경영해간다면 기업가로서의 성격을 상실한다."

새로운 시도를 하는 사람만이 기업가이며, 지난 것들의 결합으로 기업을 경영하는 사람은 경영자이지 기업가는 아니라는 말이다. 혁신의 진정한 가치는 새로운 시장을 창출하는 데 있다. 새로운 비즈니스 모델을 구축하는 것이야말로 혁신의 핵심이 아닐까? 역사적으로도 혁신적인 기업가들은 세상을 바꿔왔다.

앞에서 소개한 오요룸즈 또한 기존 시장에서 경쟁사와 유사한 비즈니스를 시도한 것이 아닌, 롱테일 시장에서의 가능성을 보고 문제를 새로운 방식으로 해결하는 데 집중한 스타트업이다.

조안 마그레타는 책 《경영이란 무엇인가》에서 혁신적인 비즈니스 모델로 '델 컴퓨터(Dell)'를 소개한다. 이 비즈니스 모델에서 핵심은 '중간 단계'를 없앤 것이었다. 델 컴퓨터가 제안한 더 좋은 방식이란, 당시에 PC 판매의 관행이었던 대리점 채널을 건너뛰고 직접 소비자들에게 판매하는 방법이었다. 델은 중간 단계인 대리점 채널을 없앰으로써 줄인 돈을 고객들과 함께 나눌 수 있었다. 고객들은 더 싼 가격에 원하는 수준의 컴퓨터를 샀고, 델은 다른 PC 제조 회사보다 더 많은 수익을 올렸다.

슘페터가 말하듯 경영자가 아닌, 기업가가 되어 세상을 바꿀 수 있는 비즈니스 모델을 구축하는 것, 그 길이 어렵다 할지라도 충분히 걸어볼 만한 가치 있는 일임이 분명하다.

규제라는 벽을 두드려라

커피 한 잔으로 오피스에 투자하라,

카사

창업가들이 문제점을 해결해나가기 위해서는 기술, 디자인, 마케팅 등 다양한 방면에서 혁신이 필요하지만, 그중 가장 어렵게 느껴지는 부분은 아마도 '규제'일 것이다. 우리 팀의 노력만으로는 혁신이 불가능하기 때문이다. 기존의 규제를 바꾸기 위해서는 수많은 이해관계자들을 설득해야 하고, 수년간 노력한다고 해도 사업의 지속성에 대한 불확실성이 존재한다. 세상에 꼭 필요한 서비스임에도 불구하고 현행 규제에 위배된다면 사업을 중단해야 할까? 시장 수요를 확인했으나 도전해보지도 못한 채 포기해야 하는 순간이 온다면, 이는 창업가에게 가장 힘든 시간이 될 것이다.

이러한 상황을 고려해 정부는 2019년에 '규제 샌드박스'라는 제도를 도입했다. 샌드박스는 어린아이들이 자유롭게 뛰어노는 모래 놀이터처럼, 규제가 없는 환경을 주고 다양한 아이디어를 구현해볼 수 있도록 지원한다는 의미를 담고 있다.

사업자가 새로운 제품이나 서비스에 대해 규제 샌드박스 적용을 신청하면 법령을 개정하지 않고도 심사를 거쳐 시범사업, 임시 허가 등으로 규제를 유예해 그동안 출시할 수 없었던 상품을 시장에 내놓을 수 있도록 하고, 문제가 있으면 사후에 규제하는 방식이다. 영국에서 핀테크 산업 육성을 위해 처음 시작된 제도이기도 하다.

학부시절부터 빈부격차, 자산 집중화 등의 사회문제에 관심이 많았던 예창완 대표는 많은 사람들이 모이는 대도시의 '빌딩 투자 영역'이 투자 리스크도 적고, 부동산 시장 상황에 따라 성장 잠재력이 높다는 것에 주목했다. 많은 사람들이 건물주가 되기를 원하지만 초기 투자금이 적어도 수억 원 이상 필요하므로 그동안 상업용 부동산 투자는 1%도 안되는 극소수의 자산가들만이 누릴 수 있는 영역이었다. 이 문제를 누군가는 꼭 풀어야 한다고 생각한 예 대표는 본인이 소유하고 있는 자산의 크기와 상관 없이, 전 세계 부동산 자산에 접근이 가능하도록 부동산 투자를 대중화하는 것을 목표로 2018년 금융 핀테크 기업 '카사(Kasa)'를 설립했다.

'커피 한 잔 가격으로 누구나 대도시 빌딩에 투자할 수 있다'라는 빌딩 소액 투자는 많은 이들이 원했던 서비스였지만 이를 실현하는 과정은 도전과 인내심을 필요로 했다. 카사 팀은 투자자

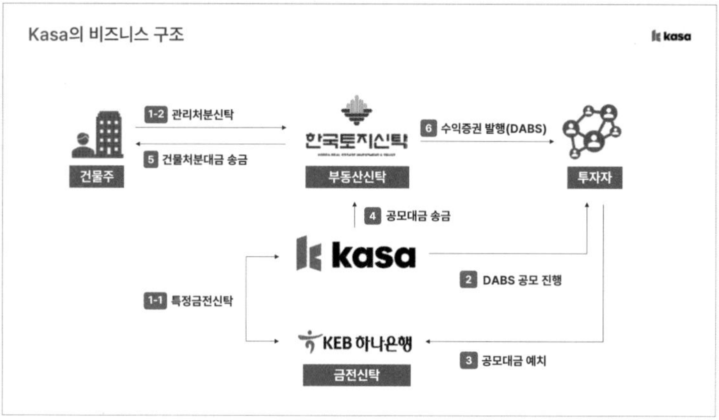

Business Model

들의 자산을 보호할 수 있도록 투자 프로세스를 구축하고, 실시간으로 사고팔 수 있어 자유롭게 투자 청산이 가능한 비즈니스모델을 구현해 2019년 12월 금융위원회로부터 '혁신금융서비스' 정식 인가를 획득했다.

건물을 기초로 발행된 부동산 디지털 수익증권을 통해 개인이 주식처럼 거래할 수 있는 국내 최초의 '부동산 디지털 수익증권(DABS, Digital Asset Backed Securities)' 거래소를 구축하여 2020년 하반기에 첫 프로젝트를 성공적으로 론칭했다.

카사 투자자가 DABS 투자를 통해 얻을 수 있는 수익은 상장 건물의 임대료에서 나오는 임대수익을 통한 임대배당수익, 카사거래소에서 매수가격 대비 시가가 상승한 DABS 매매를 통한 매매차익, 상장 건물이 매각될 경우 시세 상승에 따른 차익을 통한 건물매각차익, 이렇게 3가지로 구성된다. 이를 통한 카사의 수익모델은 공모수수료, 2차 거래수수료, 매각수수료이다.

세상에 없던 부동산 소액 재태크를 가능하게 하기 위해서는 규제뿐만 아니라 기술 혁신 또한 중요한 부분이었다. 카사는 일반 블록체인의 단점인 느린 처리 속도를 개선해 고성능 블록체인 프레임워크인 'Kasa K-Ledger'를 자체 개발했다. 원장 기록 속도가 일반 블록체인 프레임워크보다 100배 이상 빨라, 초당 수천 명이 동시에 거래할 수 있는 환경을 구현하게 해준 기술이다. 또한 분산

원장 형태로 거래내역을 저장해, 중앙화된 DB에 기록되는 구조에서 발생할 수 있는 해킹과 위변조가 불가능하도록 설계하여 거래의 투명성을 확보했다.

카사는 서울 도심지의 오피스를 시작으로, 부티크 호텔, 물류센터까지 확장하며 고객들이 소액 단위로 쉽게 투자할 수 있는 혁신적인 부동산 디지털 수익증권 투자 서비스를 구현하고 있다. 2021년에는 싱가포르 통화청(MAS)으로부터 수익증권 공모 및 거래에 필요한 라이선스를 획득하여, 국내외 투자자들이 접근하기 어려웠던 해외 상업용 부동산 투자 시장에 참여할 수 있는 거래소 구축을 위해 지금도 새로운 도전을 이어나가고 있다.

세 꼭짓점을 연결해 신뢰의 선순환을 구성하라

1인 1중개에서 시작된 '플랫폼-매물-중개인'의 연결고리, **밸류맵**

고객과 서비스 공급자가 얻는 효익 이외에도 더 나은 세상을 만드는 스타트업이라면, 다양한 이해관계자들을 통해 입소문이 나고, 고객이 지속적으로 유입될 가능성이 높아진다.

밸류맵의 김범진 대표는 감정평가사 업무를 하면서 토지 건물 실거래가를 확인하는데 이 정보에 대한 불평등이 존재하는 것을 인식했다. 토지 건물 실거래가는, 토지 건물을 팔려는 매도인과 매수하려는 수요자 모두에게 가장 기본적으로 필요한 데이터인데, 이를 실시간으로 빠르고 쉽게 제공해주는 플랫폼이 부재했다.

이 문제를 해결하기 위해 김 대표는 실거래가 마이닝 기술 개발을 통해 2017년 토지 건물의 최근 실거래가를 확인할 수 있는 '밸류맵'을 출시했고, 중개사들이 매물을 등록할 수 있도록 했다. 이렇게 수요자와 공급자 그리고 중개인의 니즈를 충족시키는 플랫폼이 구축되니 별도의 마케팅 비용 없이 실제로 서비스를 이용한 유저들이 자발적인 마케팅을 해주기 시작했고, 서비스 출시 4년 만에 월간 이용자 수가 60만 명을 달성했다. 이제 김 대표는 '플랫폼 내에 모인 유저들에게 보다 가치 있는 서비스를 제공하려면 무엇이 필요할까?'를 고민하기 시작했다.

먼저, 밸류맵 창업팀은 온라인 부동산 플랫폼에서 다수의 허위 매물이 등록되는 것을 확인하고, 그 원인을 분석했다. 그 결과 전속 중개 중심인 미국과는 달리 다수의 중개인이 한 개의 매물을 소개하는 국내 중개 시장에서는 온라인 플랫폼에 대한 중개사들의 신뢰가 낮은 것을 확인할 수 있었다.

이는 밸류맵에게 '중개사의 매물을 보호해주고, 동시에 매수자도 진성 매물에 대한 정보를 확인할 수 있도록 하는 것'이 플랫폼의 중요한 역할이라고 인식하게 된 계기가 되었다.

이 문제를 해결하기 위해 밸류맵은 온라인 플랫폼 중에서는 국내 최초로 1개의 지번에 한 명의 중개사만 매물을 등록하는 '1매물 1중개' 정책을 시행함과 동시에 까다로운 매물 검수를 통과한 매물만 플랫폼에 등록할 수 있도록 프로세스를 변경했다. 이 결과 잔재 매수자들의 신뢰를 얻을 수 있었고, 이를 통해 진성 매수자들을 만나게 되는 중개사들의 성공 사례도 증가하게 되었다.

더불어 플랫폼을 통해 중개한 내역을 다시 밸류맵의 '실거래가 정보 데이터'에 해당 중개사가 직접 중개했다는 것을 표시함으로써 '플랫폼-매물-중개인' 간 신뢰의 선순환을 구축하게 되었다.

이러한 과정을 통해 밸류맵은 국내 최초로 온라인 부동산 플랫폼을 이용해 거래에 성공했을 때에만 수수료를 내는 수익 모델을 도입하게 되었다. 거래가 완료될 때까지 고객들의 여정을 플랫폼에서 함께 지원하며, 참여자 간 신뢰를 구축하게 된 것이다.

이후 밸류맵은 '기술혁신을 통해 중개사들의 거래 성공을 촉진시킬 수 있을 것이다'라는 가설을 수립했고, 중개사들이 업무를 진행함에 있어 실질적으로 필요한 부분들을 고민하기 시작했다. 중개 업무에 건축설계, 가치평가, 빅데이터 분석이 중요하나 중

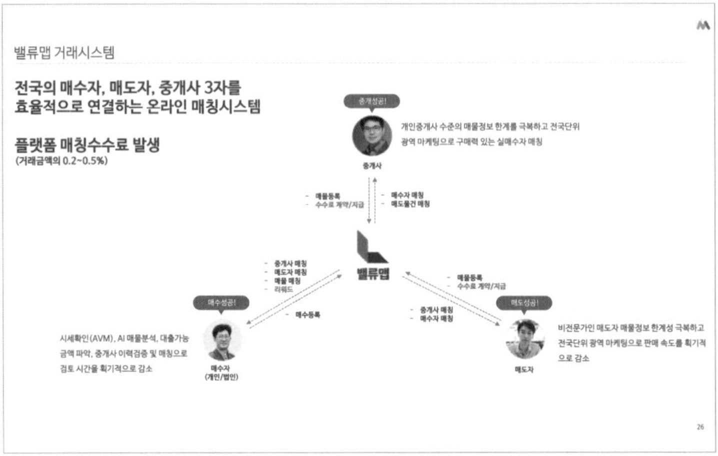

밸류맵의 문제 해결 방식을 설명하는 사업 계획서

개사들의 전문성이 다소 부족한 영역임을 파악했고, AI와 데이터 분석을 통해 보다 전문적이고 빠른 업무가 가능하도록 지원했다. 또한 밸류맵은 전국의 매도자, 매수자를 플랫폼에 등록시키고 직접 매칭 시키는 기능까지 추가하여 사용자 탐색비용을 획기적으로 낮추게 되었다.

'기술혁신을 통해 번거롭고 까다로운 토지건물 매매를 가장 쉽고 빠르게 할 수 있는 플랫폼'이 되고자 하는 미션으로 시작된 밸류맵은 '국내 최초이자 최대의 디지털 종합 부동산 회사'를 목표로 나아가고 있다. AI를 기반으로한 가치 분석 후 부동산을 온라인으로 즉시 매각하는 방식인 I-BUYING 모델을 시작으로 온라인 대출, 부동산 개발 영역까지 사업을 확장해나갈 예정이다.

일상을 바꾸는 비즈니스 모델

구매자를 재정의하고 새로운 습관을 만들다

문서를 편집하는 사람은 유료,

읽는 사람은 무료,

어도비

'다이슨(Dyson)'의 창업자 제임스 다이슨은 진공청소기를 사용하다가 먼지 주머니 교체에 불편을 느낀 후 스스로 청소기를 개발했다. 날개 없는 선풍기를 개발한 이유도 비슷하다. 그가 창립한 기업 다이슨은 '기술 혁신으로 더 나은 세상을 만든다.'는 비전을 가지고 있다.

비즈니스 상에서 자주 사용하는 '어도비(Adobe) PDF 시스템'도 '종이 대신 PDF를 교환한다.'는 새로운 습관을 이 세상에 만든 기업이다. 원래는 레이저프린터에서 깨끗한 인쇄를 할 수 있는 문서 작성이 어도비의 핵심 기술이었다. 하지만 어도비는 단순히 그것을 판매하는 데 그치지 않았다. 문서 읽기 기능만 있는 프로그램 '어도비 리더(reader)'를 무상으로 보급하는 대신, 문서 편집 기능이 있는 '어도비 아크로뱃(acrobst)'을 사용하는 비즈니스 고객들에게는 유료화하여 이들로부터 수입을 올리는 수익 모델을 구축했다.

즉 콘텐츠 제공자인 고객들로부터 수익(프로그램: 어도비 아크로뱃)을 취하지만, 이 고객들이 문서를 공급하여 PDF 파일을 읽게 되는 일반 사용자들은 무상으로 리더기를 다운(프로그램: 어도비 리더)받을 수 있게 해, 콘텐츠 제공자들이 편리하게 문서를 제공할 수 있게 돕는 비즈니스 모델을 구축한 것이다. 또한 PDF 파일을 사용자 마음대로 바꾸지 못하게 보안을 강화하여 비즈니스 상에서 편하게 문서를 교환하는 기본 프로그램으로 자리잡았다. 그 결과 PDF 사업이 매출 1조 원 이상을 달성하는 어도비의 주력 사업이 되었다.

삶의 기본인 의식주에서 확장하라

온라인과 오프라인을 연결한

메이투안

중국의 주요 벤처 캐피털인 IDG의 최성희 수석 심사역은 스타트업의 비즈니스 모델을 검토할 때 '존재 목적이 고객의 문제 해결에 있는가, 즉 고객의 삶에 있어 중요한 과제를 해결하는 방법을 찾는 이들인가?'를 중요하게 본다고 한다. 그는 "이런 목적을 가진 창업자가 성공할 확률이 높다."고 말한다. '삶에 있어 중요한 과제'란 의식주를 기본으로 하며, 이를 기반으로 라이프스타일까지 확장할 수 있다.

빠르게 변하는 중국 사회에서 시장의 수요에 맞게 비즈니스 모델을 확장할 수 있는 역량과 비전 또한 중요한 요소로 보고 있다고 한다. IDG에서 투자하고 얼마 전 홍콩 증시에 상장한 '메이투안(Meituan)'은 이 조건을 갖춘 대표적인 스타트업이다.

메이투안의 미션은 'We help people eat better, live better.'이다. 즉 '고객들이 더 잘 먹고, 더 잘 살 수 있게 도와주는 것'을 기업의 존재 이유로 보았다. '더 잘 살 수 있게'라는 말에는 삶을 더 즐길 수 있게 폭넓은 정보와 선택권을 제공하고, 플랫폼 및 교통수단을 통해 효율적인 서비스를 제공함으로써 시간을 절약해주는 가치도 포함되어 있다.

메이투안은 2010년, 로컬 상점 공동구매 플랫폼으로 설립되었다. 이들은 초기에 주변에서 이용 가능한 음식점, 즐길거리 등의 정보를 제공하고 할인 쿠폰도 발행했다. 핵심 비즈니스 모델은 공동구매를 통한 쿠폰 발행으로, 고객은 할인된 가격에 상품을 선구매하고, 상점은 수요 예측을 통해 안정적인 매출을 내는 것이었다. 더불어 이 비즈니스 모델은 로컬 상점들에게는 오프라인의 지역적 한계를 넘어 온라인 마케팅과 홍보를 할 기회를 제공하고, 고객들에게는 지역의 맛집 정보와 저렴한 가격에 식사를 할 수 있는 기회도 제공할 수 있었다. 이는 메이투안의 초기 미션인 "We help people eat better."에 부합한다.

이에 대한 수익 모델은 로컬 상점 온라인 마케팅 서비스에 대한 수수료와 쿠폰 결제에 대한 수수료다. 이후 메이투안은 고객사와 시장의 수요에 따라 영화 티켓 발권으로 서비스를 확장했고, 2013년에는 음식 배달서비스를 시작했다.

서비스를 확장한 이유는 데일리 라이프 서비스(Daily-Life services), 즉 '일상의 다양한 서비스를 제공하겠다.'는 고객가치 제안을 추가했기 때문이다. 이는 오프라인과 온라인을 통합한 서비스를 제공하고 있었던 메이투안이 다른 기업들보다 더 잘할 수 있는 일이기도 했다. 레스토랑을 직접 방문하지 않고도 메뉴와 시설에 대한 정보를 얻을 수 있고, 예약도 가능하며, 배달 서비스 및 쿠

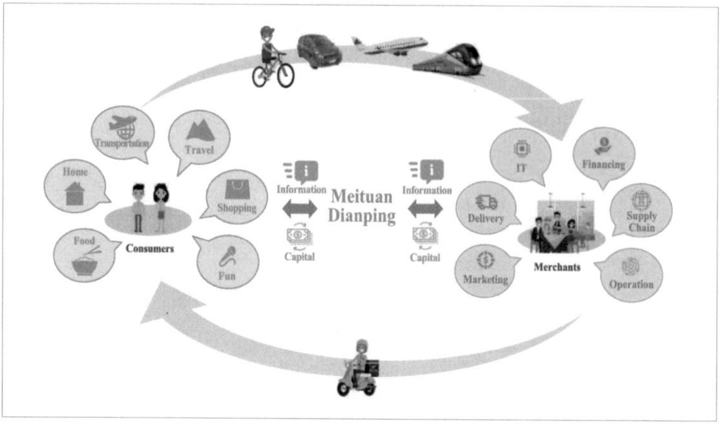

메이투안의 비즈니스 모델

폰도 이용할 수 있으니 고객 입장에서는 현명한 의사결정을 하기 위해 꼭 필요한 서비스였다.

서비스 확장을 통해 고객뿐만 아니라 로컬 상점에게 제공할 수 있는 가치도 커졌다. 기존에는 온라인 마케팅 위주였으나, 배달로 서비스가 확장되면서 고객과 실시간으로 연결될 수 있었다. 나아가 내부 인프라에 결제 시스템도 장착하여 모바일 결제, 신용카드 결제까지 가능하게 함으로써 고객 입장에서는 편리하게 로컬 상점의 상품과 서비스를 구매할 수 있고, 로컬 상인들은 저비용 고효율로 상점 운영을 위한 다양한 솔루션을 제공받도록 했다.

이렇게 사업을 확장하면서 고객들이 정보를 탐색하고 구매

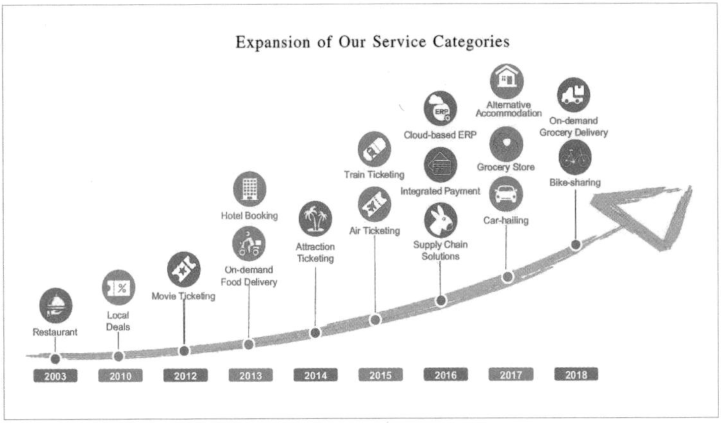

메이투안의 사업 확장 스토리

를 결정하는 데이터가 축적되고 있는데 메이투안은 이 빅데이터를 AI 기술을 활용해 수집, 분석하여 새로운 서비스를 만들었다. 고객에게 맞춤형 메뉴를 추천하고, 로컬 상인들에게는 어떤 메뉴가 가장 고객의 반응이 좋은지, 어떤 리뷰를 받았는지 등 영업에 필요한 정보를 제공하는 것이다.

메이투안의 비즈니스 모델 변화는 여기서 그치지 않았다. 2018년, 중국 내 200개 도시에 약 2억 개의 공유 자전거를 보유하고 있는 자전거 공유 플랫폼인 '모바이크(Mobike)'를 인수한 것이다. 그 후, 모바이크의 모바일 애플리케이션에서 공유 자전거를 이용하는 지역의 상점 정보를 제공하고 할인 쿠폰을 주는 등의 연계 서비스가 가능하게 되었다.

메이투안의 비즈니스 확장 사례를 통해 비즈니스 모델이 일부 변화하고 진화하더라도 고객에게 제안하는 가치가 명확하다면 사용자와 투자자의 긍정적인 반응을 얻을 수 있다는 것을 알 수 있다.

'우리'를 위한 가치를 제안하다

새로운 시장을 창출하고, 해양 환경을 살리는

넷스파

세계적으로 연간 120만 톤의 폐어망이 버려지고, 약 65만 마리의 해양 생물이 폐어망에 목숨을 잃고 있다고 한다. 국내에서는 매년 약 4.4만 톤의 폐어망이 버려지고 있다. 폐어망은 수십 년이 지나도 썩지 않기 때문에 시간이 지날수록 더 많은 양의 쓰레기가 쌓이게 되어 문제 해결이 시급한 상황이다. 이 폐어망 문제도 스타트업이 해결할 수 있을까?

대기업 환경안전팀에서 근무하며 친환경 솔루션에 대한 관심이 많았던 정택수 대표는 친환경 섬유시장의 성장세에 주목했다. 전 세계적으로 기존 직물의 가격 변동성과 함께 환경에 대한 우려가 높아지고 있어 친환경 섬유 시장의 규모는 2025년까지 83조 원에 달할 것으로 전망되고, 글로벌 자동차, 가전 제조업체 또한 탄소중립 관련 규제 대응을 위해 점진적으로 친환경 소재로 대체하는 방안을 추진하고 있었다.

이 중 나일론의 공급량이 상대적으로 부족한 상황이었고, 정 대표는 자신이 태어난 부산의 해양 환경오염 주범인 폐어망으로부터 재생 나일론을 추출할 수 있다는 것을 알게 되었다. 그동안 폐어망의 재생이 불가능했던 이유는 2가지였다. 첫 번째로 폐어망은 나일론, PP, PE 등의 합성 섬유로 구성되어 있는데, 물리적으로 결합되어 있어 분리가 어려워 가내수공원 형태로 수작업에만 의존하고 있다는 점이고, 두 번째는 해양 폐기물이 다시 자원화되어

넷스파가 공급하는 재생 나일론(왼쪽부터)
재생 나일론 플레이크(Flake), 재생 나일론 펠릿(Pellet),
재생 복합 폴리머 플레이크, 재생 복합 폴리머 펠릿

부가가치를 내는 아이디어가 없다는 점이었다.

'넷스파(NETSPA)'는 국내 최초로 폐어망의 업사이클링(Upcycling)에 도전하기로 하고, 폐어망에서 물리적으로 결합되어 있는 소재들을 완벽하게 분리하고 대량으로 추출하는 기술 개발에 착수했다. 이를 위해 폴리머 섬유 전문가, 공정 설비 기획 및 개발 전문가 등 역량 있는 팀원들을 모았고, 약 2년간의 연구개발 과정을 거쳐 폐어망에서 나일론(PA6)을 단일 소재로 완벽하게 선별하여 대량으로 추출하는 기술과 설비를 갖추게 되었다.

또한 재생폴리에스터(PET)에 집중하고 있던 글로벌 패션 브랜드뿐만 아니라, 나일론을 주로 취급하는 아웃도어, 스포츠 브랜드까지 재생 섬유 시장으로 유입되며, 재생 나일론 원사가 친환경 트렌드가 되었다. 가치 소비에 대한 소비자 인식이 높아짐에 따라 양질의 재생 나일론 원료 수요가 급증하게 된 것이다.

하버드대학교 마이클포터 교수는 이와 같은 현상을 '코즈(Cause, 제품을 사는 이유 및 대의명분)'라는 용어로 설명한다. '명분'을 중요하게 여기는 밀레니얼 세대가 열광했던 착한 기업 '탐스(Toms)'가 대표적이다. 탐스는 신발 판매에서 '1+1 프로모션(고객이 한 켤레 사면 한 켤레는 아프리카에 기증)'을 세계적으로 처음 시작했고, 고객들에게 큰 호응을 얻어 인플루언서들의 자발적인 마케팅 효과를 낳았다.

이러한 시장 환경의 변화, 인식의 변화에 따라 친환경적 가치를 더하는 '넷스파'의 비즈니스 모델도 나올 수 있었을 것이다. 넷스파는 2가지 가치를 제안한다. 첫째는 지속 가능한 패션을 추구하는 패션기업 측에 나일론 업사이클링 소재를 제공함으로써 기업이 갖는 친환경적인 이미지 등의 브랜드 가치이고, 둘째는 해양쓰레기 처리를 통해 우리가 항상 보고 좋아했던 그 푸른 바다를 지키는 것이다.

넷스파는 '우리는 여태껏 방치되었던 해양폐기물 문제를 해결하여 해양 환경을 보전하고, 해양생물을 지켜내는 지속 가능한 바다를 만들어 나가겠습니다.(Go back to the Blue)'라는 명확한 미션을 가지고 있다. 비즈니스 모델은 시장의 힘, 그리고 시장의 움직임 저변에 깔린 심리와 경제라는 변수의 영향을 받는다. 가치소비에 대한 인식의 확산, 탄소배출권 제도 도입에 따라 넷스파의 성장은 지속될 것으로 전망된다.

책《블루오션 시프트》에서 김위찬 교수는 경쟁 없는 새로운 시장으로 이동하는 법, 즉 새로운 시장을 창출하는 비즈니스 모델 3가지를 제시한다. 첫째는 산업에 존재하는 기존 문제에 획기적인 해법을 제공하는 모델, 둘째는 새로운 문제를 규명하고 해결하거나 새로운 기회를 포착하는 모델, 셋째는 산업에 존재하는 기존 문제를 재정의하고 이를 해결하는 모델이다.

창업가들은 새로운 시장에 들어가기 위해 다양한 비즈니스 모델을 구축하고 있다. 경쟁에서 밀리지 않기 위해 남들과는 다른 길을 끊임없이 고민한다. 이때 비즈니스 모델의 근본을 되새겨 봐야 한다. 시작점은 고객에게 제공할 남다른 '무언가', 바로 고객가치이다.

다시 4장 첫 페이지로 돌아가 비즈니스 모델을 검증하기 위한 4요소를 떠올려보자. 앞에서 이야기했던 요오름즈를 예로 들면 다음과 같이 정리할 수 있다.

1. 고객가치 제안: 전 세계 어디서든, 합리적인 가격에, 표준화된 서비스 이상의 숙박 경험을 기대할 수 있다. 정보 검색/숙박 예약/결제 시스템이 편리하다.
2. 수익 공식: 숙박 시설 운영을 통한 수익 셰어 또는 숙박 시설 위탁 운영 수수료
3. 핵심 자원: 오요룸즈 플랫폼. 건축 및 시설 운영 노하우
4. 핵심 절차: 기존에 비효율적으로 운영되던 공실률 50% 이상 숙박 시설의 소유자들과의 미팅부터 시작하여, [Supply(정보 제공) → Transformation(자산 리노베이션) → Hospitality (표준화된 서비스 제공을 위한 교육 등 시스템 제공) → Technology(OYO Rooms 플랫폼을 활용한 정보 제공, 예약, 결제 시스템) → Distribution(고객 유치를 통해 공실률을 10% 미만으로 유지)] 프로세스 구축

고객에게 제안하는 가치가 명확하다면 수익 모델은 무궁무진하게 다양화할 수 있다. 그러므로 비즈니스 모델을 구축할 때 수익보다 가치를 우선순위에 두기를 권한다.

5

경쟁 우위

Competitive Advantage

우위를 결정하는 차별화라는 무기

Competitive Advantage

상대 평가에서 우위를 차지하는 법

>> 4가지 차별성으로 우위를 차지한 드롭박스

포지셔닝맵으로 경쟁사의 위치를 파악하라

>> 같은 공간 다른 위치를 선택해 성공한 이케아와 보컨셉

성공하고 싶다면 빈공간을 찾아라

>> 포화시장을 뚫어준 로봇 MD, 옷딜

고객의 가치 판단이 1위를 만든다

>> 1위로 가는 갈림길에 선 아이디어스와 써커스

고객 입장을 생각했는데 실패한 이유

>> 한 가지 측면만 바라본 써커스

시장선정은 전략적으로 시도하라

>> 렌터카 시장을 쪼개고, 또 쪼갠 앤테프라이즈와 집카

포화시장에도 틈새는 있다

>> 따라잡기가 아닌 레일 바꾸기, 잔디

절대 지켜야 할 핵심일수록 내부역량으로

>> 끊어지지 않을 줄을 만든 에이스호텔

둘도 없는 무기를 만들어 장벽을 지켜라

>> '아이-선생님' 연결 시스템을 자체 개발한 자란다

보광인베스트먼트의 전웅 이사는 "투자를 검토할 때 시장 확장성과 경쟁사 대비 얼마나, 어떻게 성장할 수 있을지 잠재력에 주목한다."고 말했다. 거시적인 관점에서 성장하는 시장인가를 보고, 성장하는 시장이라면 경쟁사들과 비교하여 그중 경쟁 우위를 보유하고 있는 팀에 투자한다는 말이다.

경쟁 우위를 가지기 위해서는 2가지 측면으로 생각해보아야 한다. 경쟁사 대비 차별적 가치 제안, 그리고 이를 실행할 수 있는 내부 역량이다.

[첫째] 타깃고객이 가장 중요하게 생각하는 가치 2가지로 '경쟁력 포지셔닝맵' 작성하기

[둘째] 고객에게 제공하고자 하는 가치를 구현하기 위한 핵심역량 도출하기

이 넓은 우주 아래 나와 같은 생각을 가진 사람은 수없이 많을 것이다. 그렇기 때문에 3장에서 알아본 마켓 사이즈 분석을 통해 초기에는 거점시장 중 몇 퍼센트 점유를 목표로 할 것인지를 먼저 정하고, 이 시장에서 나만이 가진 경쟁력을 찾아 핵심역량을 구축해야 한다.

포지셔닝맵:
우리는 어디에 위치할 것인가

Competitive
Advantage

상대 평가에서 우위를 차지하는 법

4가지 차별성으로 우위를 차지한

드롭박스

‘경쟁 우위 개념’의 창시자 마이클 포터(Michael Porter) 하버드 비즈니스스쿨 교수는 “경쟁사와 비교하여 독특하고 차별적인 고객가치를 발견함으로써 탁월한 전략을 세울 수 있다. 경쟁사 분석은 전략의 중추적 요소다.”라고 말했다.

온라인 파일 호스팅 시스템을 제공하는 드롭박스(Dropbox)는, 클라우드에 대용량 파일을 올리거나 여러 개의 폴더를 저장하는 데 없어서는 안 될 존재가 되었다. 드롭박스는 사용자 가이드, 사례 조사 등 완성본 상태의 파일을 올리거나 내려받는 데에도 아주 유용하지만, 멀리 떨어져 있는 여러 명의 직원이 각각 다른 시점에 함께 작업하기에도 아주 좋은 툴이다.

드롭박스는 경쟁사 대비 우월한 고객가치를 다음과 같이 설명한다.

- 드롭박스 앱 하나로 데이터 저장과 관련된 모든 문제를 해결할 수 있다.
- 모든 운영체제에서 사용할 수 있고, 시각적 피드백을 제공한다.
- 따로 프로그램 사용법을 배우거나, 일하는 방식을 바꾸지 않아도 된다.
- 데스크톱과 웹 애플리케이션을 연결하여 사용할 수 있다.

그리고 다음 사업 계획서와 같이 클라우드를 기반으로 한 데이터 저장 서비스를 이용하는 사람들이 중요하게 생각하는 기능 6가지를 선별하여, 드롭박스가 경쟁사 대비 우월함을 보여준다. 이렇게 경쟁사 분석을 통해 동종업계와 차별적인 가치를 제공함을 설명할 수 있다.

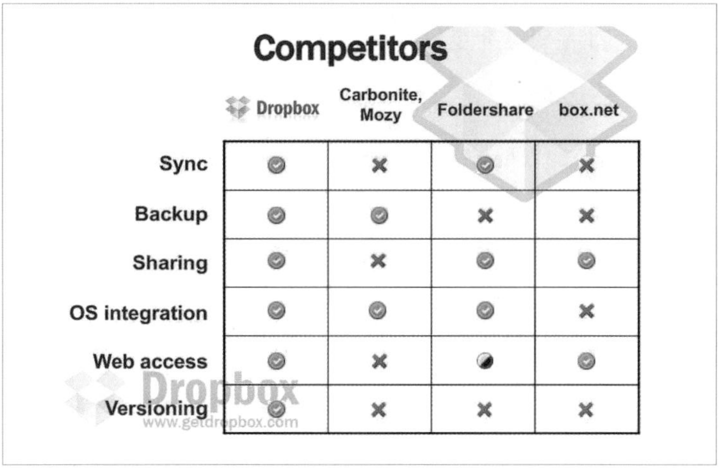

Competitors

	Dropbox	Carbonite, Mozy	Foldershare	box.net
Sync	✓	✗	✓	✗
Backup	✓	✓	✗	✗
Sharing	✓	✗	✓	✓
OS integration	✓	✓	✓	✗
Web access	✓	✗	◐	✓
Versioning	✓	✗	✗	✗

드롭박스는 사람들이 중요하게 생각하는 기능 6가지를 모두 보유함으로써
경쟁사보다 우월한 가치를 제공하고 있음을 보여주는 사업 계획서

포지셔닝맵으로 경쟁사의 위치를 파악하라

같은 공간 다른 위치를 선택해 성공한

이케아와 보컨셉

고객 시점에서 제품이 제공하는 가치를 생각해보면 개념이 보다 명확해진다. '유사한 제품 A와 B 중, 어느 제품을 선택할 것인가?' 내가 고객이라 생각하고 객관적으로 우리 회사의 제품을 평가해보는 것이다. '포지셔닝맵'을 그려보면 경쟁사에 비해 우리 회사가 우위에

있는 요소가 무엇인지 한눈에 볼 수 있다.

사분면 그래프를 그린 다음, 우리 회사가 속한 시장의 고객들이 가장 중요하게 생각하는 가치 1순위는 X축에, 2순위는 Y축에 적는다.

가구 회사를 예로 들어 포지셔닝맵을 그려보자.

가구를 사는 고객들이 중요하게 생각하는 2가지 요소는 무엇일까? '디자인'과 '가격'이 가장 먼저 떠오른다. 집에 두는 가구는 한 번 사면 오래 사용할 가능성이 높기 때문에 가격보다는 내

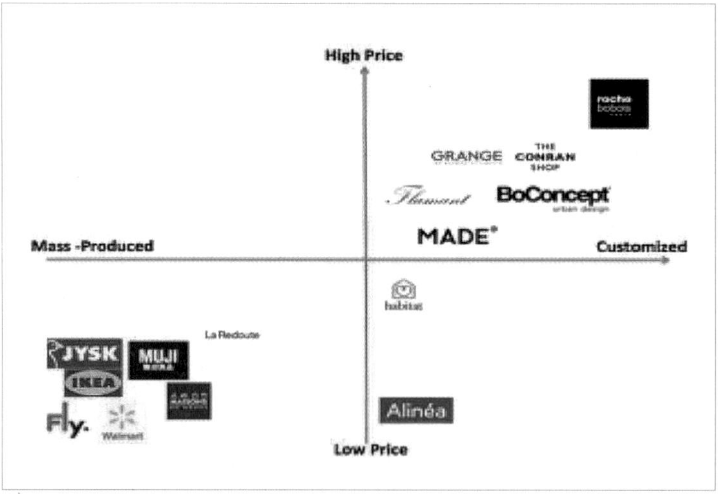

가구 리테일러
포지셔닝맵

※출처: mujikea.wordpress.com

가 좋아하는 디자인이 1순위이고, 2순위가 가격이 될 것이다.

고객 입장에서 1순위로 중요한 디자인의 경우, 북유럽 가구 브랜드를 중심으로 맞춤형으로 주문 제작이 가능한 커스터마이징 제품군(Customized)이 있다. 이와 상반되는 개념은 시장 트렌드에 맞춰 빠르게 디자인하고 제품을 내놓는 대량 생산 제품군(Mass-Produced)이다.

대량 생산 제품군의 대표 브랜드는 '이케아(IKEA)'다. 그리고 이케아와 같은 구역에 위치하는 브랜드로는 낮은 가격대에 트렌디한 디자인의 가구를 출시하는 '무지(MUJI)' 등이 있다.

가구를 구매할 때 비교적 높은 가격을 지불할 수 있고, 자신만의 특별한 가구를 제작하고 싶어하는 소비자가 주 고객인 덴마크 가구 브랜드 '보컨셉(BoConcept)'은 이케아와 타깃이 다르다. 보컨셉은 디자인에 대한 민감도가 높은 타깃고객들을 위해 직접 가구의 사이즈, 소재, 컬러를 선택할 수 있는 '커스터마이징' 서비스를 제공한다.

이렇게 같은 산업군이라 할지라도 타깃으로 하는 고객과 브랜드가 추구하는 가치에 따라 다른 차별화 전략을 수립해야 한다. 포지셔닝맵을 그려 보면, 자기 브랜드의 강점과 약점을 알 수 있고, 경쟁사의 위치도 알 수 있기에 큰 도움이 된다.

성공하고 싶다면 빈공간을 찾아라

포화시장을 뚫어준 로봇 MD, 옷딜

2030 여성 고객을 타깃으로 온라인 패션 시장에 진출한 '옷딜'의 최윤내 대표는 창업 초기에 고민이 많았다. 온라인 패션 시장의 크기와 성장 가능성은 매력적이었으나, 경쟁이 치열한 만큼 '어떻게 차별화할 것인가?'가 문제였기 때문이다. 최 대표는 타깃고객들이 가장 중요하게 여기는 가치를 '브랜드'와 '가격'이라고 분석하고, 이 2가지 가치를 기준으로 포지셔닝맵을 만들었다.

온라인에서 의류를 구입하는 2030 여성은 크게 브랜드를 선호하는 고객과 보세를 선호하는 고객으로 나눌 수 있다. 브랜드와 보세 의류를 같이 코디해서 입기도 하기 때문에 두 가지 종류를 동시에 취급하는 온라인 플랫폼들도 증가하는 추세다. 온라인으로 쇼핑을 할 때는 가격에 더욱 민감하기 때문에 정가 대비 할인율도 고려해야 하는 중요한 요소이다. 이와 같은 사실을 반영하여 포지셔닝맵을 그려보니 이미 시장 내에 인지도가 높은 다수의 플랫폼들이 존재하는 상태였다.

이들과는 다른 옷딜만의 전략이 필요했다. 최윤내 대표는 차별화를 위해 가격 경쟁력을 높이고자 했다. 이를 위해서는 공급

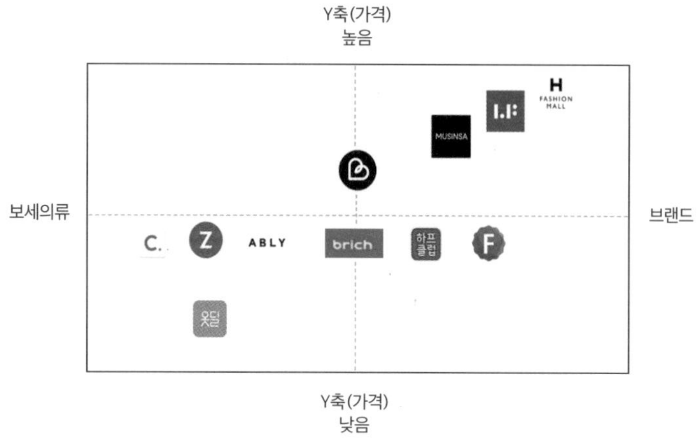

옷딜이 경쟁사 분석을 위해 작성한 포지셔닝맵

자들의 문제점을 파악하여 해결하는 것이 우선이었다. 브랜드 의류의 경우 아울렛 등 재고를 처리할 수 있는 유통 채널을 확보하고 있다. 반면 보세 의류는 중소형 업체가 대부분이기에 이월 상품을 팔 수 있는 유통 채널 확보가 어려울 뿐만 아니라, 재고 부담으로 인한 손실까지 큰 상황이었다.

이 문제를 해결하기 위해 옷딜은 재고를 보유한 중소 규모의 보세 의류 쇼핑몰과 가격에 민감한 고객을 빠르게 연결하는 데에 집중했다. 이렇게 보세 의류 재고를 저렴한 가격으로 고객에게 제공하는 서비스로 차별화했지만, 온라인 패션 시장의 경쟁이 치열한 만큼 고민은 이어졌다. 대형 쇼핑 플랫폼에서 스페셜 할인이나 쿠폰을 제공할 경우, 재고가 아닌 신상품을 옷딜과 비슷한 가격으로 구입할 수 있었기 때문이다.

최 대표는 '고객 입장에서 옷을 살 때 가장 중요한 것이 무엇일까?'를 되돌아보며 다시 기본에 집중했다. 그 결과 최신 트렌드의 옷들을 한 번에 볼 수 있고, 한정된 시간 동안 효율적으로 쇼핑할 수 있는 UX(User Experience, 사용자 경험) 디자인이 온라인 쇼핑몰 고객의 체류 시간에 큰 영향을 미치는 요소라는 것을 깨달았다. 이커머스 시장은 상품 소싱부터 전시, 판매까지 하는 MD(Merchandiser)의 역량이 매우 중요하다. 그러나 제한된 자원으로 최대의 효율을 내야 하는 스타트업이 실력 있는 MD를 다수 고용하는 것은 불가했다.

결핍은 때로는 창의성의 원동력이 된다. 이 문제를 해결하기 위해 팀 멤버 전원이 머리를 맞댔고, 옷딜은 고객 취향에 맞는 제품을 추천해주는 인공지능 MD인 'ROBOT MD'를 생각해내기에 이른다. 쇼핑 플랫폼의 MD는 1개의 전시를 기획하여 판매 페이지를 올리기 위해 보통 시장 조사 20시간, 기획전 구상 10시간, 진열 5시간, 추천 5시간. 이렇게 총 40시간이 소요된다고 한다.

옷딜은 AI 솔루션을 이용해 데이터를 수집하고 분석함으로써 시장 조사 업무를 대체했다. 그리고 상품만 등록해놓으면, 최신 트렌드를 반영한 기획전을 자동으로 만들고 진열까지 할 수 있도

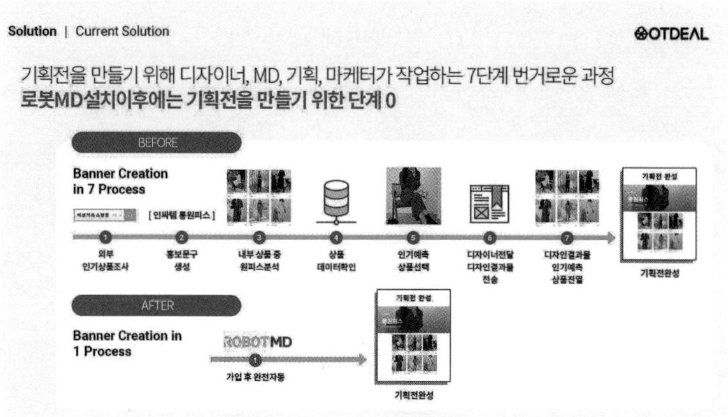

ROBOT MD의 효용성을 표현한 사업 계획서

록 자동화한 'ROBOT MD'를 개발해 내놓았다.

포화 시장에 진입하는 후발 주자에게 포지셔닝맵을 통한 경쟁사 분석은 필수다. 옷딜은 치열하게 차별화에 대해 고민한 끝에 B2C(생산자와 소비자 간의 거래) 온라인 쇼핑몰에서, AI 기술을 융합하는 패션 테크 기업으로 업의 본질을 변경하였다. 경쟁사 분석을 통해 우리 회사만의 가치를 만들어내는 데에 집중한 결과, 옷딜은 주목받는 패션 테크 기업으로 성장하고 있다.

타깃고객: 우리는 무엇을 먼저 고려해야 하는가

고객의 가치 판단이 1위를 만든다

1위로 가는 갈림길에 선

아이디어스와 써커스

수공예품 작가들의 작품 O2O(Online to Offline) 플랫폼으로 업계 1위를 지키고 있는 '아이디어스(idus)'는 현재(2022년 11월 기준) 앱 다운로드 1600만 회, 한 달 내 재구매율 80% 이상, 누적 거래 약 8400억 원을 돌파했다. 2014년 6월에 서비스를 시작한 아이디어스는 국내에서 독보적인 온라인 핸드메이드 플랫폼으로 자리매김했다. 현재 '아이디어스'는 총 3만 4천여 명의 작가들이 작품 수 약 47만 개를 등록하며 활동 중이다. 이는 작년 대비 32% 증가한 수치로 아이디어스는 꾸준히 성장하며 국내 최대 핸드메이드 플랫폼 자리를 굳건히 지키고 있다.

아이디어스에서 활동하는 상위 10% 작가들의 월 평균 매출은 약 1033만 원에 달한다. 실력 있는 아티스트들이 제품을 보다 쉽게 유통하고, 작품을 만드는 데 더 많은 시간을 쏟을 수 있게 하겠다는 창업자의 초기 목표가 어느 정도 달성되고 있는 셈이다.

지금 하려는 이야기는 이 시장의 주연인 아이디어스에 대한 것이 아니다. 이 시장의 가능성을 높게 본 다른 누군가에 관한 이야기다. 아쉽게도 지금은 잊혔지만, 수공예품 시장이 형성되기 시작한 2016년도에 '써커스'라는 업계 2위의 스타트업이 존재했다. 아이디어스가 퍼스트 무버(first mover, 시장 선도자)의 이점으로 네트워크 효과를 누리고 있었지만, 아직까지는 초기 단계였기에(당시 아이디어스 앱 다운로드 수는 10만이었다.) 써커스에게도 기회는 열려 있었다.

여기서 잠시 '네트워크 효과'에 대해 알아보자.

> 네트워크 효과(Network Effect): 시장의 표준으로 인정받으면 잠재 고객은 다른 제품을 거들떠보지도 않는다. '네트워크의 가치는 네트워크 사용자 수의 제곱에 비례한다.'는 '메칼프의 법칙(Metcalfe's

Law)'에 따라 사용자 수가 네트워크의 가치를 결정한다. 즉, 신규 고객은 사용자 수가 가장 많은 기업이 가장 큰 가치를 제공한다고 인지해 사용자 수가 가장 많은 기업을 선택한다. 이로 인해 네트워크는 더욱 강력해지고 선순환 사이클이 만들어진다.

해외에는 핸드메이드 작품과 소량만 제작되는 아티스트들의 작품 시장이 이미 큰 규모로 형성되어 있었으나, 당시 국내에서는 이제 막 형성되고 있는 초기 시점이었기에, 향후 시장이 확대될 것으로 예상한 써커스의 송연섭 대표는 창업을 결심했다.

송 대표는 소셜커머스에서 마케팅 팀장으로 일하며 핸드메

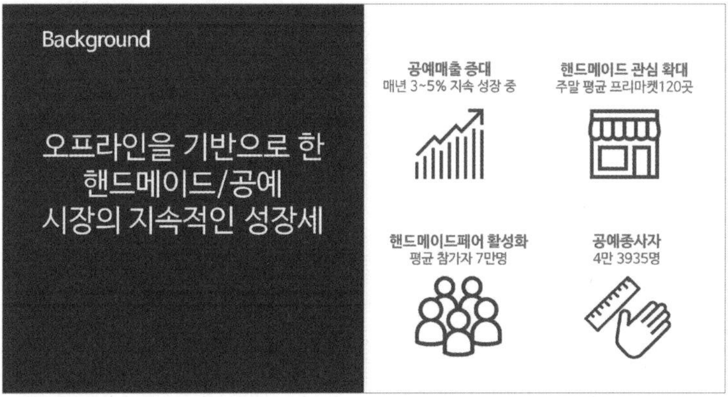

써커스가 판단한 시장잠재력
(2016년 기준)

이드와 공예 시장의 지속적인 성장세를 체감했고, 이를 바탕으로 시장잠재력을 높게 판단했다. 그리고 이 인사이트는 적중했음을, 지금 아이디어스의 성장세를 통해 확인할 수 있다.

당시 송 대표가 이 시장의 문제점으로 생각했던 부분은 핸드메이드 제품을 사려면 플리마켓 같은 행사 장소에 가야 하는데 이에 대한 정보가 부족하다는 점, 플리마켓에 직접 가기 힘든 상황이 많아 접근성에 제약이 크다는 점, 고정된 장소에서 판매하는 것이 아니기 때문에 A/S 또는 반품이 어렵다는 점이었다. 이렇게 시장잠재력과 시장이 가진 문제점에 대한 분석은 명확했으나 1년이

써커스가 해결하고자 한 시장이 가진 문제점
(2016년 기준)

지난 후 1위와 2위의 성장 속도는 큰 격차가 벌어졌고, 목표 시장 점유율을 달성하지 못했던 써커스는 고심 끝에 폐업을 결정한다. 이때의 경험을 통해 송 대표는 무엇이 잘못되었던 것인지 깨닫게 되었고, 후배 창업자들을 위해 이 경험을 공유하고 있다.

고객 입장을 생각했는데 실패한 이유

한 가지 측면만 바라본

써커스

써커스는 O2O 플랫폼이기에 2가지 측면을 고려해야 한다. 서비스를 공급하는 핸드메이드 아티스트, 그리고 서비스 사용자인 고객이다. 커머스 분야에서 10년간 일해온 경험을 통해 송 대표는 고객과 공급자 둘 다 중요하지만, 고객이 더 우선이라고 생각했다. 그래서 앱의 편의성, 배송과 A/S 등 고객 입장에서, 고객 편의에 중점을 두고 서비스를 개발했다. 핸드메이드 제품을 좋아하고, 플리마켓에 가서 좋아하는 작가의 작품을 구매하는 20~30대 여성을 타깃고객으로 보고 이들에 대한 조사도 충실히 했다.

그런데 안타깝게도 써커스가 놓친 것이 있었다고 한다. '공급자' 측면의 니즈였다. 그는 '핸드메이드 제품을 생산하는 작가들의 특성을 파악하고 이들에게 가장 편리한 프로세스를 제공하는 것이 이 비즈니스에서 가장 중요한 부분'이라는 것을 뒤늦게 깨달았다고 말했다.

포지셔닝맵을 통해 설명하면 보다 명확하다. '핸드메이드 작품 O2O 서비스'를 이용하는 고객에게 가장 중요한 것은 무엇일까? 바로 다양하고 개성 있는 작품들을 만날 수 있는 기회이다. 이들은 본인이 좋아하는 소품, 좋아하는 아티스트의 작품을 구매하기 위해 어느 정도의 돈을 지불할 의사가 있고, 오프라인 플리마켓도 찾아다닌다. 가격과 기능을 중시하는 고객이라면 지마켓이나 쿠팡, 티몬 등의 다른 이커머스를 이용할 것이다. 대중적인 마켓에 없는 제품을 찾는 고객들이기에 다양한 작가, 다른 곳에서는 찾기 힘든 작품들을 만나는 것이 이들에게 제공되어야 하는 가장 큰 가치이다.

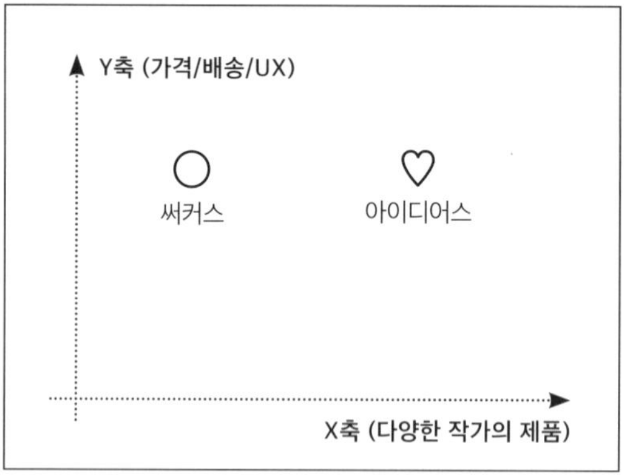

이 가치를 제공하기 위해서는, 다양한 아티스트들을 유입하는 것이 가장 중요하다. 그러려면 작품 판매를 원하는 아티스트의 니즈를 잘 파악하고 있어야 한다.

송 대표는 멋진 작품은 만들고 싶지만, 이를 고객이 원하는 상품으로 기획하고, 판매를 위해 유통하고, 마케팅하는 등에 대한 경험과 지식이 부족하다는 아티스트들의 문제점을 인식했다. 그러나 이 외에 작가들의 특성을 디테일하게 파악하고, 이들의 라이프스타일을 더 잘 알았어야 했다며 당시의 상황을 떠올렸다.

아티스트들은 대부분 혼자서 일한다. 따라서 제품 설명을 쓰고, 사진을 찍고, 등록하는 시간도 내기 어렵다. 아이디어스는 '작가가 언제 어디서나 작품을 등록할 수 있고, 관리하는 과정이 쉬워야 한다는 점'을 중요한 가치로 도출하고, 공급자 관리 페이지를 쉽고 간편하게 만드는 데 많은 노력을 기울였다. 따라서 작가들의 이탈률이 적었으며, 이미 아이디어스에서 활동하고 있는 작가는 다른 플랫폼에 추가로 등록할 필요성을 크게 느끼지 못했다.

반면 써커스는 업계 1위 대비 다양한 작가들을 확보해야 한다고 생각하여 대학교와 연계하는 등 신규 작가 발굴에 집중했다. 그 사이 유명 작가들은 상품 등록이 편하고 익숙한 아이디어스에 가입했고, 가입자 수가 점점 벌어지자 굳이 2위 플랫폼에까지 작품을 등록하지 않게 되었다. 실력 있는 작가들은 1위 플랫폼을 떠

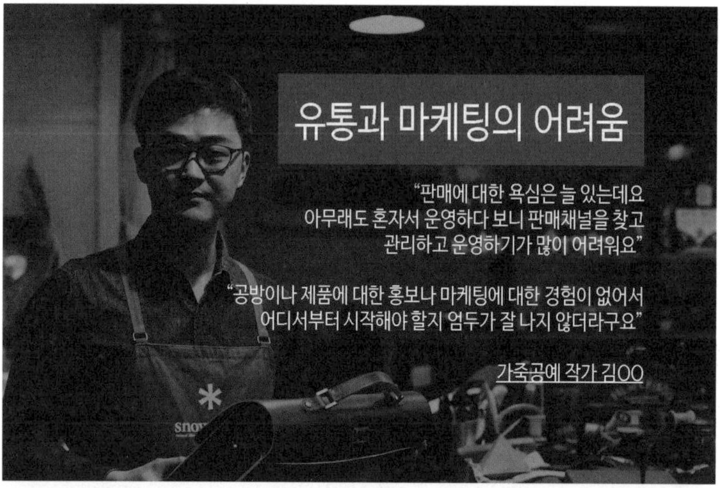

유통과 마케팅의 어려움
"판매에 대한 욕심은 늘 있는데요
아무래도 혼자서 운영하다 보니 판매채널을 찾고
관리하고 운영하기가 많이 어려워요"
"공방이나 제품에 대한 홍보나 마케팅에 대한 경험이 없어서
어디서부터 시작해야 할지 엄두가 잘 나지 않더라구요"
가죽공예 작가 김OO

판매와 마케팅까지 단계까지 가기 위한
상품기획에 대한 어려움
"저의 브랜드에 대한 이름도 아직 못 정했어요"
" 가격은 어떻게 책정해야 하죠?
"좋아하는 걸 만들기는 하는데 과연 팔릴까요?"
금속공예 작가 유OO

써커스가 인식한
아티스트 측면에서의 문제점

날 이유가 없다. 또한 특별하고 희소한 제품을 찾는 고객들은 좋은 작가들이 많은 곳으로 갈 수밖에 없다. 이런 이유로 1위와 2위의 격차는 시간이 갈수록 점점 벌어지게 되었다

송 대표가 당시 만났던 한 투자자는 "저희는 업계 2위가 목표인 회사에는 투자하지 않습니다."라고 조언했다고 한다. 송 대표는 써커스의 실패를 통해 '경쟁사의 강점을 파악하고 이와는 다른 방식으로 차별화 전략을 세워야 한다.'는 점을 깨달았다고 한다. 시장의 잠재력은 제대로 파악했으나, 경쟁 우위를 확보하는 부분에서 무엇이 핵심 가치인지를 놓쳤던 것이다.

시장선정:
우리는 어디서 시작할 것인가

시장선정은 전략적으로 시도하라

렌터카 시장을 쪼개고, 또 쪼갠 **앤테프라이즈와 집카**

마이클 포터가 제시하는 '전략적 경쟁'이란, 타인과 다른 방식을 선택하는 것이다. 궁극적으로 스타트업은 최고가 되기 위해 경쟁하기보다 '독특함'을 위해 경쟁해야 한다. 여기서 '독특함'의 본질은 '가치'다. 기업이 창출하는 가치와 창출하는 방법이 독특해야만 고객들의 관심을 받을 수 있다.

하지만 현실적으로 타인과 다른 방식을 선택하는 것이 스타트업에게 쉬운 일은 아니다. 에어비앤비의 이상현 전 총괄실장은 "스타트업은 스케일이 작다 보니 자기만의 독자 기술이 있거나 특수한 상황이 아닌 이상, 시장을 선점하는 것이 쉽지 않죠. 니치(niche, 틈새)를 잘 찾아서 여기서만 할 수 있는 것으로 시작하는 것이 좋다고 생각합니다."라고 말한다.

'마이리얼트립' 이동건 대표도 "창업자가 초기에 가장 많이 하는 실수가 시장을 너무 크게 잡는 것이거든요. 저는 작은 시장에서라도 1등을 하면 충분히 가능성이 있다고 봐요. 그리고 거기서 기회를 잡으면 큰 회사가 되는 거예요. 고객의 범위도, 시장의 범위도, 처음에는 작게 잡아보길 권합니다."라고 예비 창업자들에게 조언했다. 마이리얼트립의 경우에도 초기에 전 세계 100개 도시를 타깃으로 한 것이 아니라, 한두 개 도시를 공략했다고 한다. 그렇게 한두 개의 도시에서 예약 건수가 올라가면서 서비스의 가치를 입증해냈고, 다른 도시까지 확장할 수 있었다.

> 역설적이지만 네트워크 효과가 필요한 사업일수록 더 작은 시장에서 시작해야 한다. 페이스북은 처음에 겨우 하버드 대학생들 사이에서만 사용되었다. 저커버그의 첫 작품은 수업을 함께 듣는 친구들이 모두 가입할 수 있게 구상되었을 뿐, 지구상 모

든 사람을 끌어들일 수 있게 디자인된 것은 아니었다.

-《제로 투 원》 중에서, 페이팔 창업자 피터 틸의 말

아주 작더라도 타깃 시장에서 명확한 차별화를 보여줌으로써 충성 고객을 만들어나가는 것이 효과적이다. 그래서 스타트업에게 초기 타깃 시장을 최대한 작게 설정하라고 조언하는 것이다.

1960년대 월마트가 운영을 시작했을 때, 경쟁사들은 주로 대도시 지역에 집중하고 있었다. 월마트 창시자 샘 월튼은 독특한 방식으로 틈새 시장을 공략했다. 그는 5천~2만 5천 명 정도의 인구가 있는 외진 시골 지역을 선택했다. 그의 핵심 전략은 '모두 무시하는 작은 읍내에 제법 큰 매장을 여는 것'이었다고 한다. 가치 제안을 할 때, 동종 산업 내에서 타 기업이 간과하거나 외면한 고객 그룹을 목표로 삼은 경우다.

미국 렌터카 시장의 성장 과정을 보면, 플레이어들이 틈새 시장을 찾아간 과정이 흥미롭다. 북미 렌터카 시장은 '허츠(Hertz)'나 '에이비스(Avis)'가 이미 시장을 점유한 상황이었다. 이미 강자들이 점령한 시장에 뛰어든 '엔터프라이즈(Enterprise)'는 타깃고객을 달리함으로써 독특한 가치 제안을 한다.

기존 렌터카 사업자들은 여행자 또는 출장자들이 주요 고객이었다. 그러나 엔터프라이즈는 지역 내에 있는 사용자들을 타

깃으로 한다. 렌터카 고객 중 40%가 거주하는 도시에서 산다는 분석 결과에서 새로운 아이디어를 얻은 것이다. 교통사고가 나거나 자동차가 고장 나서 일정 기간 동안 차를 빌려야 하는 고객들의 수요가 많았다. 엔터프라이즈는 이런 고객들의 니즈를 충족시키기 위해 '합리적인 가격에 편리성을 제공하는 도심 내 자동차 렌터카 서비스'를 구축했다. 독특한 가치 제안을 함으로써 차별화에 성공한 것이다.

몇 년 후 또 다른 스타트업이 이 시장을 더 세분화하여 공략했다. 2000년에 창업한 '집카(zipcar)이다. 집카는 엔터프라이즈와는 또 다른 유형의 니즈를 가진 고객을 목표로 삼았다. 도시에 살지만 자동차를 구입하지 않기로 선택한 고객들이다. 집카는 이

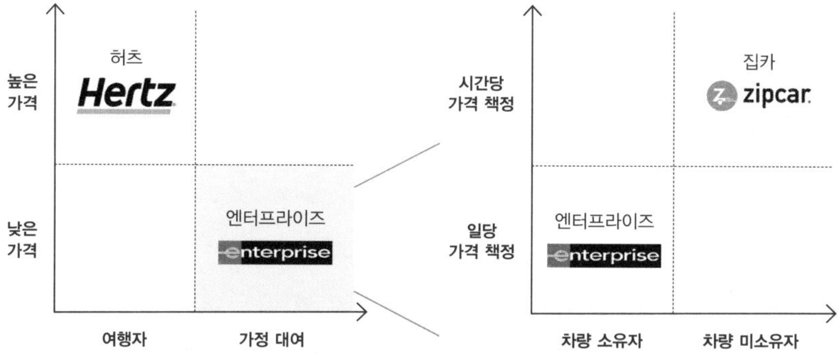

허츠, 엔터프라이즈,
집카의 포지셔닝맵

※출처: 《당신의 경쟁 전략은 무엇인가?》

들이 자동차를 필요로 할 때 짧게는 1시간 만이라도 차를 편하게 쓸 수 있는 서비스를 제공한다.

이렇게 고객 분석을 통해 세분화함으로써 기존 경쟁사와는 다른 차별적인 가치를 제안하고, 새로운 시장을 창출할 수 있다.

포화시장에도 틈새는 있다

따라잡기가 아닌 레일 바꾸기,

잔디

기업이 성장하면 많은 직원이 필요하다. 특히 시간과 장소에 구애 받지 않고 일하는 시대가 된 지금은, 대부분의 기업에서 구성원이 효율적으로 의사소통하며 협업할 수 있는 툴(tool)을 필요로 한다.

협업 툴은 크게 2가지로 나눌 수 있다. 게시판 형태의 '피드(feed)'와 대화창 형식의 '실시간 메신저(messenger)'이다. 실리콘밸리에서 슬랙(slack)이라는 시스템이 2012년 창업했고, 우리나라에서 잔디(JANDI)라는 서비스를 만든 토스랩은 2015년 창업했다. 잔디는 슬랙을 처음부터 경쟁자로 선정하지 않았다. 협업 툴 시장의 퍼스트 무버인 슬랙을 따라잡기보다는 틈새 시장을 공략해 시장을 확장하는 전략을 취했다.

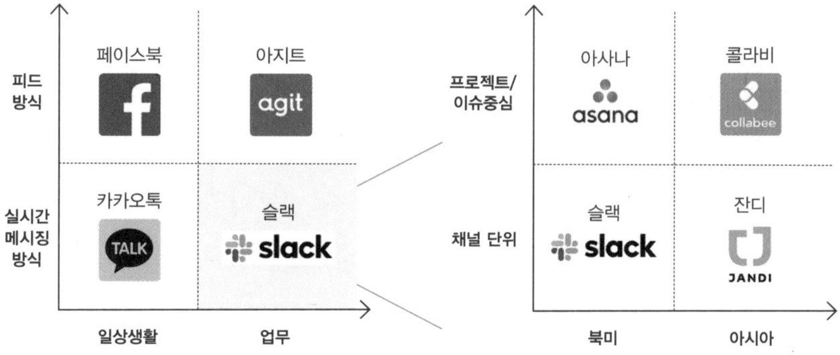

업무 협업 툴 스타트업들의 포지셔닝맵
콜라비(collabee)는 이슈 중심의 협업 툴을 제공하여 업무의 흐름에 따라 일하기에 좋고, 아사나(asana)는 프로젝트 단위로 관리할 수 있어 외부 업체와의 커뮤니케이션에 용이하다. 협업 툴 시장에서 슬랙은 퍼스트 무버이지만, 이후 틈새 시장을 공략하는 스타트업들이 시장을 넓히고 있다.

협업 툴은 실리콘밸리에서 사용하기 시작했고, 아시아와 중동에서 시장이 커졌다. 이에 주목한 토스랩은 아시아 사용자에게 특화된 서비스를 개발하기 시작한다. 슬랙이 북미 시장에 집중하는 사이, '잔디'는 아시아 시장이라는 틈새 시장에 집중했다.

잔디가 창업했을 당시, 아시아 시장에서는 카카오톡(Kakao talk)이나 라인(Line) 같은 개인 메신저를 업무용 메신저로도 사용하고 있었다. 그래서 업무 외 시간에도 직장 상사나 동료로부터 메시지를 받게 되는 경우가 잦았고 이로 인해 스트레스를 받는다는 직장인이 많아진 것이 사회적인 문제로 부각되기까지 했다.

관리자들도 업무에 개인용 메신저를 사용하는 것에 대한 불편함이 있었다. 문서가 완벽히 보안되지 않고, 개인 메신저의 과도한 사용으로 업무 집중도도 떨어졌기 때문이다. 잔디는 이런 문제점들을 해결하기 위해 '업무와 삶의 분리, 업무의 생산성과 효율성을 높이는 스마트워크'라는 가치를 제공한다.

잔디를 성공적으로 시장에 안착시키기 위해 김대현 대표는 '지역화(Localization), 가격 우위(Price), 고객 지원(Customer Support)'이라는 3가지 전략을 세웠다. 아시아 시장의 유저에게 친숙한 환경을 제공하기 위해 한국어, 중국어, 일본어 등 아시아 언어를 서비스했고, 친숙한 UX 디자인, 아시아 문화에 적합한 이모티콘도 제공했다. 북미권과 아시아의 업무 문화에는 큰 차이가 있다. 서양은 업무 효율성과 정보의 공개, 투명성을 중시하는 반면, 동양은 업무 외적인 인간관계, 의사결정 체계 등을 중시하는 경향이 있다. 아시아 문화권에서는 상사와 직원과의 위계 질서가 다소 엄격한 편이고, 사람 사이의 관계에 의존하는 특성이 있어 업무 커뮤니케이션에 있어서도 감정의 미묘함을 표현할 수 있는 이모티콘의 수요가 비교적 크다.

협업 툴을 사용하는 고객들에게 가장 중요한 가치는 무엇일까? 바로 '사용성'이다. 이를 위해서는 빠르게 고객의 니즈를 반영하는 것이 필요했다. 잔디는 이를 위해 고객 서비스를 담당하

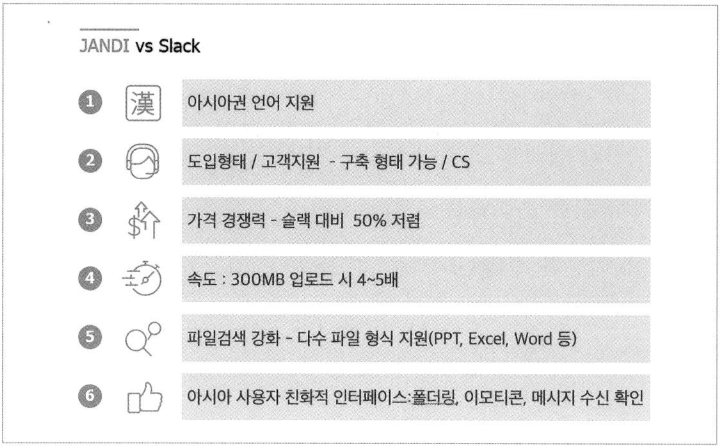

JANDI vs Slack
1 漢 아시아권 언어 지원
2 도입형태 / 고객지원 - 구축 형태 가능 / CS
3 가격 경쟁력 - 슬랙 대비 50% 저렴
4 속도 : 300MB 업로드 시 4~5배
5 파일검색 강화 - 다수 파일 형식 지원(PPT, Excel, Word 등)
6 아시아 사용자 친화적 인터페이스:폴더링, 이모티콘, 메시지 수신 확인

슬랙과 잔디의 서비스를 비교한 사업 계획서

는 CX팀(Customer Experience Team, 고객경험팀)을 신설했다. 고객들은 실시간 온라인 상담을 통해 프로그램을 사용하면서 생기는 불편 사항을 해결할 수 있었고, 한국 본사와 대만 지사를 통해 필요한 경우 오프라인 미팅도 가질 수 있다. 여기에 슬랙 대비 가격이 50% 저렴하고, 현지 통화 결제까지 지원되기 때문에 아시아 유저들의 사용성 측면에서는 잔디가 탁월했다.

아시아 시장을 공략하겠다는 잔디의 목표는 현실이 되었다. 2018년, 아시아권에서 잔디의 트래픽이 슬랙의 트래픽을 넘어선 것이다. 이제는 대만, 일본, 베트남 등 70여개국에서 잔디의 서비스를 이용하고 있다. 국내 시장도 다르지 않다. 코로나 19가 장

기화되면서 재택근무에 들어간 많은 기업이 업무툴에 관심을 가졌고, 이에 힘입어 잔디는 2022년, 과학기술정보통신부가 주관하는 '중소기업 클라우드 서비스 바우처 사업'에 5년 연속 선정되었다. 아시아 문화를 이해하고 사용자의 니즈 중심으로 서비스를 설계하는데 집중한 결과이다.

핵심역량:
우리의 핵심은 내부에 있는가

절대 지켜야 할 핵심일수록 내부역량으로

끊어지지 않을 줄을 만든

에이스호텔

틈새 시장에서 성공하기 위한 필수 요소가 '핵심역량'이다. 《스타트업 바이블》의 저자 빌 올렛 교수는 '핵심역량이란 고객가치를 경쟁자보다 효과적으로 전달하기 위해 필요한 차별적인 역량'이라고 설명한다. 즉 다른 기업이 흉내내기 어려운 탁월한 경쟁력이 핵심역량이다. 핵심역량은 자사에는 둘도 없는 무기이며, 경쟁사들에게는 넘을 수 없는 진입 장벽이 된다. 어렵게 개척한 신규 시장에 누군가가 쉽게 진입해 열매를 따가는 상황이 벌어지지 않도록 원천 봉쇄하는 역할 말이다.

핵심역량의 중요성을 보여주는 대표적인 사례로 에이스호텔이 있다. 에이스호텔의 초기 타깃고객은 새로운 문화와 트렌트에 관한 관심을 가진 이들이었다. 지역의 크리에이터들이 자연스럽게 에이스호텔의 로비에 모이자, 이들을 중심으로 사람들이 모이고, 상권이 형성되기 시작했다. 에이스호텔의 특징은 유동 인구가 거의 없는 곳에 들어서고, 지역의 특성을 담은 로컬 브랜드를 호텔 안으로 입점시키는 협업을 시도했다는 점이다. 이 협업을 통해 그 지역만이 가지고 있는 독특한 색채를 만들어냈고, 여행객들도 찾아가는 지역의 명소로 변모되었다.

에이스호텔의 핵심역량은 적절한 입지에 로컬커뮤니티 호텔 서비스를 제공하는 기획력, 그리고 파트너사와의 컬래버레이션 역량이다. 누군가 같은 입지 조건에서 에이스호텔과 비슷한 콘셉트를 생각했다 할지라도 스텀프타운 같은 커피숍, 로컬 제품 편집숍 등 지역의 특성을 담아내는 브랜드를 큐레이션하는 능력, 이것을 감성적으로 세련되게 녹여내는 공간 기획력을 가지고 있지 않다면 지역의 크리에이터들과 여행객들이 모여드는 공간을 만들 수 없을 것이다.

자본과 인프라가 부족한 스타트업들은 내부에 핵심역량을

다 갖추지 못하고, 외부 파트너사와의 연계 등을 통해 역량을 강화하겠다는 전략을 세우기도 한다. 그러나 이런 외부 파트너십은 언제든 끊어질 수 있다는 점을 염두에 두어야 한다. 그렇게 되면 언제든 진입 장벽이 무너질 수 있으므로, 핵심적인 가치 제안과 관련된 부분은 내부역량으로 가져가야만 한다.

둘도 없는 무기를 만들어 장벽을 지켜라

'아이-선생님' 연결 시스템을 자체 개발한

자란다

맞벌이 부부의 육아 문제가 사회적으로 대두되면서 특히 부모의 출산 휴가가 끝날 무렵인 4세 이상 아이들의 돌봄 서비스 시장이 급속히 커지고 있다. '자란다'의 장서정 대표는 출산 이후, 아이한테 미안한 마음 때문에 일을 그만두는 어려운 결정을 하게 되면서 워킹맘의 고충을 절감했다. 그 뒤, 본인 스스로 워킹맘을 위한 플랫폼을 창업하며 유아 돌봄 문제를 해결하는 창업가의 길을 걷게 되었다.

워킹맘들에게 가장 큰 고민거리는 '믿을만한 선생님을 어디서 구하지? 믿을만한 선생님이라 하더라도 내 아이에게 맞는 교육 콘텐츠를 어떻게 선택해야 할까?'이다. 본인의 경험을 통해 문제의 본질을 파악한 장 대표는 이를 해결할 수 있는 서비스인 '내 아이에 적합한 선생님과 교육 콘텐츠를 추천받을 수 있는 서비스, 자란다'를 기획하게 된다.

나의 경험에서 포착한 문제점이 성장하는 시장과 맞닿는 순간, 행운의 여신은 창업가의 편이 된다. 자란다는 워킹맘들의 퇴직 사유 중 '저학년 자녀의 돌봄과 교육'이 큰 부분을 차지한다는 점에 주목했고, 경쟁사와는 달리 4~13세 아이들을 타깃군으로 설정했다. 이 아이들의 방과 후 돌봄과 교육을 동시에 해결하기 위해 데이터를 기반으로 추천하고 매칭하는 방문 교육 매칭 서비스를

장 대표가 본인의 경험을 바탕으로 파악한 문제의 본질

기획함으로써, 부모-아이-돌보미 대학생, 3자가 모두 행복해질 수 있는 시스템을 개발했다.

주요 고객인 30~40대 부모들은 자녀의 기질과 관심사에 맞춘 개인화된 교육 콘텐츠와 솔루션을 중요하게 생각한다. 하지만 방문 교육은 공급자 측면에서는 발전이 정체되어 있는 시장이었다. 교사 수가 한정적이고, 추천은 대부분 입소문에 의지하고 있었으며, 교육 프로그램 또한 아이의 성장에 근거한 콘텐츠보다는 교육 업체 입장에서 선택하여 제공하는 경우가 많았다.

이러한 상황에서 자란다는 혁신적인 시도를 했다. 아이의 연령별 성장에 따른 기질과 관심사를 수집하고 이를 체계화함으로써, 입소문에 의지했던 방문 교육 시장을 투명한 데이터 기반 매칭 플랫폼으로 바꾼 것이다. 경쟁사와 비교하여 자란다가 제안하는 차별적인 가치 2가지는 다음과 같았다.

- 보육과 교육을 함께 제공하는 교육 서비스 플랫폼
- 축적된 데이터를 기반으로 아이의 기질에 보다 적합한 선생님과 교육 프로그램 추천

축적된 고객 특성 데이터를 바탕으로 아이의 성장 주기에 따른 맞춤형 콘텐츠를 추천함으로써 재방문율을 높일 뿐 아니라,

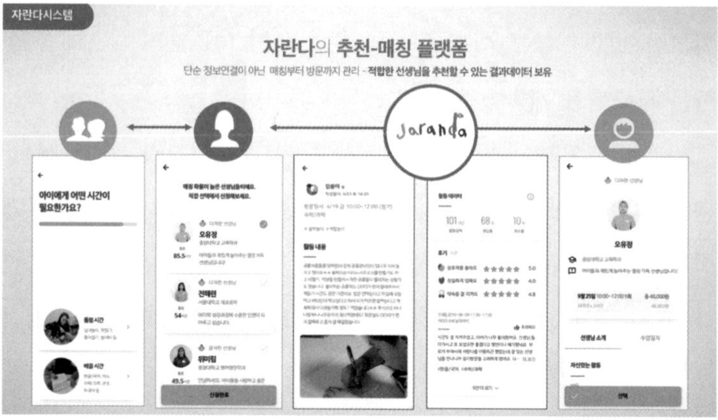

자란다에서 제시한 '방문 교육 매칭 서비스' 솔루션

신뢰도가 높아진 후에는 넷플릭스처럼 콘텐츠 공급자로부터 수수료를 수취하는 등 신규 수익 모델까지 그려볼 수 있었다.

한편, 놀이와 체험을 위주로 하고 10세 이하의 아동을 타깃으로 서비스를 제공하는 경쟁사와는 달리, 자란다는 '교육 콘텐츠 기반의 방문 서비스 플랫폼'으로 차별적 경쟁력을 보유하게 되었다. 타사 대비 진입 장벽이 낮은 이유는 아동과 교사의 성향과 기질 데이터에 기반한 분석 방법론을 자체 개발했기 때문이다.

자란다 서비스가 출시될 무렵에도 이미 돌봄 선생님 매칭 서비스가 여럿 있었다. 하지만 서비스를 신청해도 선생님이 스스로 지원할 때까지 계속 기다려야 하거나, 매번 선생님이 달라지거나 적합하지 않은 선생님이 매칭되는 등의 문제점이 존재했다.

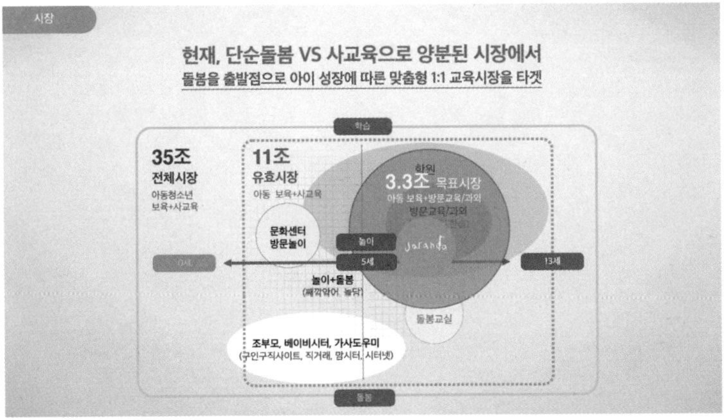

자란다의 포지셔닝맵

자란다는 이와 같은 다른 매칭 플랫폼의 결점을 보완하며, 합리적인 가격에, 축적된 데이터를 기반으로 아이와 선생님을 매칭해주는 서비스로 차별화함으로써 경쟁 우위를 보유하고 있다.

포지셔닝맵을 그려보면, 보육에 있어 가장 중요한 아이의 성장 단계, 즉 '연령'을 X축, 선생님이 제공하는 주요 서비스인 '돌봄과 학습'을 Y축에 표시할 수 있다. 기존에 단순 돌봄과 사교육으로 양분되어 있던 시장에서, 자란다는 '돌봄 서비스와 함께 맞춤형 교육콘텐츠를 제공하는 서비스'로 포지셔닝 한다.

자란다의 목표시장은 방문 교육에 대한 수요가 있는 4세부터 13세까지 아이들의 방과후 시간 전체이며, 아이 성장에 따른 맞춤형 1:1 교육시장을 타깃 시장으로 잡고 있다.

포지셔닝 개념의 창시자인 잭 트라우트는 '포지셔닝은 잠재고객의 마인드에, 자기 자신을 차별화하는 방식이다.'라고 말했다. 앞서 예로 든 에이스호텔은 호텔에 대한 인식을 변화시키는 데 성공했다. 기존 호텔에 대한 인식은 투숙객 또는 호텔 내의 시설을 이용하는 손님들만 가는 곳이었다. 그러나 에이스호텔은 기존 인식에서 조금 다른 각도로 고개를 돌려 새로운 기회를 찾았다.

차별화는 현상을 다르게 보는 것으로부터 시작한다. 호텔에 지역 주민이 모여든다면 어떤 모습일까? 여행객들로 붐비는 호텔 로비의 풍경과, 지역 주민들이 주말이 되면 노트북 또는 책을 들고 가볍게 다녀갈 수 있는 공간이 뒤섞인다면 어떤 느낌일까?

에이스호텔이 탄생한 이후인 지금은 지역 사람들이 호텔

로비에서 자유롭게 시간을 보내는 풍경이 자연스럽지만, 그전에는 생각하지 못한 모습이다.

셀 수 없을 만큼 다양한 상품과 서비스가 나타나는 시대에 '완전히 새로운 것'을 창조하기란 거의 불가능하다. 그래서 창업가들은 늘 '우리가 선택한 시장에서 우리 회사는 경쟁사에 비해 어떤 우월한 자원을 가지고 있는가?'를 질문해야 한다. 여기서 중요한 것은 '우월한(Superior)'이라는 형용사다. 고객가치는 상대적으로 평가되기 때문이다.

6

성장 전략

Growth Strategy

크게 성장하기 위해, 시작은 작게

Growth Strategy

스타트업이 성장하기 위해서는 혁신과 스케일업(Scale-up, 사업 확장) 전략이 필요하다. 처음에는 틈새 시장, 즉 거점시장에서 시작하지만 이후에 어떻게 확장할 것인지에 대한 비전과 계획이 있어야 하는 것이다.

스타트업이 성장 계획을 세울 때 참고할 수 있는 두 가지 전략을 소개한다. 기하급수적인 성장을 이루고 싶다면 이후 나올 스타트업 사례를 보며 어떤 사업 확장 전략을 취해야 할지 되새겨보자.

1. 특정 시장을 집중 공략한 후 인접 시장으로 뻗어나가는 방식인 '지역 확장 전략'
2. 핵심 가치는 유지하면서 비즈니스 영역을 확장하는 '비

즈니스 모델 확장 전략'

사업 확장 전략은 투자자를 설득하기 위해서도 중요하다. 스타트업 투자자들은 당장의 현금 흐름보다는 미래의 성장 가능성을 보고 투자하기 때문이다. 또 사업 확장 목표는 직원들에게도 열정의 원동력이 된다. 이처럼 스타트업이 이야기하는 '미래'는 창업자뿐만 아니라 함께하는 직원들, 그리고 투자자의 심장까지 뛰게 한다.

스타트업이 영향력을 확장하는 법

끊임없이 진화할 수 있는 이유, 핵심가치

책부터 가전까지 라이프 스타일을 연결한

츠타야 서점

최근 몇 년간 도쿄에 여행을 가는 사람들 중 다이칸야마에 위치한 츠타야(TSUTAYA) 서점을 찾는 이들이 많아졌다. 동네 서점이 어떻게 관광 명소가 되었을까? 단순히 정원이 예쁘고, 커피를 마실 수 있는 서점이기 때문만은 아니다. 이 공간을 기획한 마스다 무네아키의 표현에 의하면, "이곳에 오는 사람들에게 지적 생산성을 높여가며 멋지게 일할 수 있는 '개인적인 서재'가 될 수 있는 공간을 제공하기 때문"이다.

츠타야 서점이 전하는 명확한 가치는 '라이프 스타일 제안'이다. 츠타야는 이것을 MPS(Multi Package Store)라는 개념으로 구현한다. 책, 영화, 음악 등의 문화 콘텐츠를 유기적으로 연결해 한 공간에서 제공함으로써 고객들에게 라이프 스타일을 제안하는 것이 츠타야의 핵심역량이다.

예를 들어 피츠 제럴드의 책 《위대한 개츠비》의 팬이 있다면, 레오나르도 디카프리오 주연의 〈위대한 개츠비〉 영화 DVD에도 관심을 가질 수 있고, 피츠 제럴드 스스로 가장 아끼는 작품이라고 말한 《밤은 부드러워라》라는 책도 보고 싶어할 것이다. 츠타야에 가면 이 모든 콘텐츠를 한 공간에서 만날 수 있다. 뿐만 아니라 나의 취향에 맞춘 큐레이션 서비스도 받을 수 있다.

츠타야는 '라이프 스타일 제안'이라는 핵심 가치를 유지하면서, 4개 부분으로 비즈니스를 확장했다. 다이칸야마 점에서 구현된 서점 이노베이션, 다케오 시립 도서관을 출발점으로 한 도서관 이노베이션, 그리고 'T-Site'라는 이름으로 다양한 브랜드를 입점시킨 상업시설 이노베이션, 마지막으로 '츠타야 가전' 매장에서 이룬 가전제품의 이노베이션이다. '가전제품까지?'라고 의문을 품을 수 있지만, 츠타야가 추구하는 '라이프 스타일 제안' 관점에서 제품을 재편하면 새로운 스토리가 만들어진다. '남자도 요리에 취

츠타야 도쿄 다이칸야마 점

츠타야의 라이프스타일 큐레이션
'즐거운 주말'을 주제로 한 책과 생활용품

츠타야 가전의 라이프스타일 큐레이션

미를 붙이자.'라는 제안을 한다면, 남성을 위한 요리책, 요리하면서 듣기 좋은 음악, 에어프라이어와 오븐 등의 가전제품이 한 공간에 공존하는 식이다.

츠타야의 사례처럼 고객에게 제공하는 핵심가치가 명확하고, 시장 검증을 거친 비즈니스라면 사업 모델은 끊임없이 진화할 수 있다. 처음부터 창업자가 의도했건, 그렇지 않았건 시장의 변화와 고객의 니즈에 의해 다양한 방향으로 확장되는 것이다.

작은 시장에서 시작한 가능성

두 도시에서 백 개의 도시로 폭발적으로 성장한 우버

대표적인 유니콘 기업인 미국 차량 공유 업체 '우버'는 2009년에 창업해 2010년 6월, 샌프란시스코에서 서비스를 시작했다. 그리고 2022년 기준 기업 가치 120조 원 이상으로 평가받고 있다.

우버는 기존 택시가 가지고 있는 문제점을 해결하는 서비스를 제공했기에 택시 이용자들을 예상 고객군으로 보았고, 택시 이용률이 가장 많은 샌프란시스코와 뉴욕에서 시작해 충성고객을 확보하고 인지도를 높였다. 초기 거점시장에서 비즈니스의 성장 가능

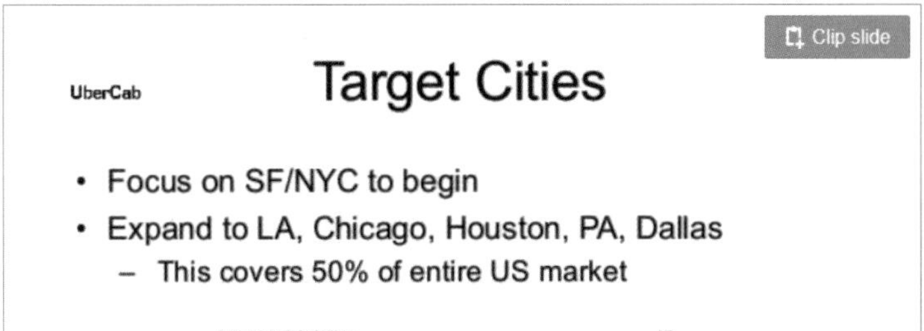

North America & the Caribbean 168

The United States: Taxi and Limousine Service in 2009, US $ mln

City	World Rank	US $ mln	%Country	%Region	%World
New York	1	978.53	22.75	20.41	4.84
Los Angeles	3	354.25	8.23	7.39	1.75
Chicago	5	325.61	7.57	6.79	1.61
Houston	12	189.55	4.41	3.93	0.94
Philadelphia	15	168.08	3.91	3.50	0.83
Dallas	21	120.08	2.79	2.50	0.59
San Jose	23	118.63	2.76	2.47	0.59
San Francisco	25	116.79	2.71	2.44	0.58
San Diego	26	113.64	2.64	2.37	0.56
Detroit	31	108.92	2.53	2.27	0.54
Phoenix	32	108.27	2.52	2.26	0.54
San Antonio	39	90.62	2.11	1.89	0.45
Indianapolis	46	77.28	1.80	1.61	0.38
Baltimore	51	72.14	1.68	1.50	0.36
Washington D.C	54	70.28	1.63	1.47	0.35
Others		1,289.07	29.97	26.88	6.38
Total		4301.55	100.00	89.71	21.29

Source: Philip M. Parker, INSEAD, copyright 2008, www.icongrouponline.com

Growth Strategy

2009년 당시
우버가 작성한 사업 계획서

※출처: 슬라이드쉐어

성을 점쳐본 것이다. 초기의 사업 확장 전략은 이 두 도시에 집중하여 서비스를 안정화한 후, L.A, 시카고, 휴스턴, 필라델피아, 달라스까지 확장하는 것이었다. 이 지역의 수요 합은 미국 시장의 50%를 차지한다. 그러나 우버는 거점시장에서 이용자들에게 큰 만족을 주었고, 폭발적인 성장을 이루었다. 지금은 초기 확장 계획을 크게 뛰어넘어 세계 100개 이상의 도시에 진출해 있다.

우버의 사례를 통해 초기에는 잠재 수요가 있는 작은 시장에 집중하고, 고객 테스트와 피드백을 통해 사업 모델을 구축하는 것이 효과적이라는 점을 알 수 있다.

시장이 보여주는 확장의 길

농업과 정원 가꾸기 사이에서 고민했던

엔씽

농식품 산업은 원재료의 안정적인 공급이 매우 중요하다. 농업은 외부 기후에 따라 수확량이나 작물의 품질이 크게 달라지기에, 균일하고 높은 품질의 식재료가 안정적으로 공급되기 어렵다는 문제점이 존재한다. 또 기후 변화나 이상 현상으로 채소 가격의 변동폭이 매년 300~1,000%에 달할 정도로 커지면서 일정한 가격으로 채소를 공급받고자 하는 시장의 수요가 커지고 있다.

이러한 측면에서 벤처 캐피털 티비티의 김동오 투자 심사역은 농업 IoT(Internet of Things, 사물인터넷) 분야에서 2014년도부터 꾸준히 기술을 개발하고 제품을 업그레이드 해온 스타트업 '엔씽'에 주목했다고 한다. 잠재적인 시장의 크기, 사업 확장 전략을 고려했을 때, 또 중동 등 환경이 척박한 글로벌 시장에서의 수요가 커지고 있음을 봤을 때, 성장 가능성이 높다고 평가한 것이다.

엔씽은 2014년 모바일앱을 통해 재배일지를 손쉽게 작성하고 기록하는 '가드닝 앱' 출시를 시작으로 '플랜티(planty)'라는 화분을 만들었고, 지금은 이 화분이 100배의 스케일로 커진 컨테이너 타입의 '모듈형 버티컬 팜(Vertical Farm)'이라는 전혀 새로운 형태의 농장 모델을 개발한, 혁신적인 농업 분야 스타트업이다.

가드닝 앱은 2014년, IoT 기반의 스마트 화분 개발을 위한 데이터 수집 용도로 출시했고, 초기에는 한국어와 영어만을 지원하고 있었다. 그런데 실제로 시장 테스트를 해보니 해외 시장에서의 반응이 좋아 사용자들이 직접 언어를 번역하기에 이르렀고, 전 세계에서 약 3만 명의 사용자와 그들이 키우는 다양한 작물의 재배 방법 및 그 결과치에 대한 데이터를 축적할 수 있었다.

엔씽의 김혜연 대표는 사업 초기 '농업(Farming)'과 '정원 가꾸기(Gardening)' 중 어느 것에 집중할지 고민했다고 한다. 그러나 축적된 데이터에 기반하여 농업에 더 많은 데이터가 필요하고, 잘 키워야 하는 이유가 분명한 분야이기 때문에 농업으로 확장을 결정했다.

이후 엔씽의 대표 제품인 loT 스마트화분 '플랜티'를 제작하면서 모니터링 센서 등 기술을 축적해나갔다. 그 다음으로 시도한 온실(Green House)에서는 자체적으로 개발한 농장 모니터링용 loT 센서와 데이터 플랫폼을 활용하여 직접 딸기를 재배했는데, 이 실험을 통해 현재의 온실은 최적의 재배 환경을 구현하기가 어렵고 농약 등을 많이 사용할 수밖에 없다는 현실을 확인했다. 그렇게 김 대표는 더 깨끗하고 안전한 먹거리를 재배할 수 있는 농장 솔루션에 대한 연구를 시작하게 된다.

그간 쌓아온 식물 재배 데이터와 스마트 loT, 모니터링 센서와 데이터 플랫폼 기술 등을 활용해 2017년부터는 컨테이너를 활용하여 실내 수직 농장(Indoor Vertical Farm) 형태로 모듈형 스마트팜인 '플랜티 큐브(Planty Cube)'를 개발했다. 서울 외곽 지역 부지에 3개 동 규모의 플랜티 큐브를 구축하여 채소를 재배한 결과, 농약을 사용하지 않고, 연중 내내 깨끗하고 안전한 채소를 재배하는데 성공하였다. 2019년 4월 경기도 용인에 재배동 10동, 연중 재배 30톤 규모의 새로운 농장을 구축하여 미슐랭 스타 셰프, 프리미엄 외식업 브랜드 등 B2B 고객에게 주문 재배 방식으로 일정한

01 엔씽 개요
FOOTPRINT
n.thing
nthing
2014
엔씽 설립.
Life. 모바일 재배 일지 어플리케이션.
3만명의 가입자와 재배 데이터 수집.
2015
Planty, IoT 스마트 화분.
식물의 재배 데이터 기반 재배 환경
모니터링 및 스마트폰 활용 원격 식물
관리가 가능한 스마트 화분.
Kickstarter $103,000 펀딩&출시
2016
FRESHABLE FARM.
IoT 센서를 활용한 스마트 농장 솔루션
여름 딸기 품종인 고하 재배 성공.
'하늘의 별딸기' 브랜드 출시
2017
PLANTY SQUARE & CUBE.
제작과 확장성이 용이한 모듈형
스마트 버티컬 팜 프로토타입 개발.
양산 체제를 구축하여 기존 식물공장
대비 25% ~ 50% 비용으로 구축.
1동에서 시작, 대규모로 확장 가능
2018
CUBE 상용모델 개발
상용화 모델 개발 및 운영
기능성 채소, 허브류, 엽채류 및
딸기 등 고품질의 채소를 연중 균일
하게 On-demand(주문형 재배) 방식
으로 재배.
2019
FRESHABLE
+ CUBE 확장
100동 규모(기존 농장 1.5만평 규모)
확장
주문형 재배 플랫폼 FRESHABLE
정식 출시

엔씽의 사업 확장 스토리

품질, 일정한 양의 채소를 공급하고 있다.

현재 엔씽은 국내뿐만 아니라 글로벌 시장으로 확장하고 있으며, 중동 지역에서 아랍에미레이트, 아부다비 지역 내에 PoC(Proof of Concept, 기술 검증을 위한 시제품) 농장을 시작으로 대규모의 스마트팜을 짓는 프로젝트를 시작했다.

엔씽의 목표는 전 세계 도시에 농장을 구축하여, 사람들에게 신선하고 안전한 채소를 연중 내내 공급하는 것이라고 한다. 인류가 다른 행성에 진출하는 먼 미래에도 엔씽의 농장으로 거주 가능한 행성을 만들고자 하는 비전을 가지고 불가능해 보였던 일들을 하나씩 이뤄나가고 있다.

성장을 부르는 고민들

고객뿐만 아니라 공급자들의 문제까지 고민하라

랜선으로 완벽한 핏을 찾은

펄핏

온라인 의류 쇼핑몰 시장에는 영원히 해결되지 않을 것만 같은 문제가 있다. 바로 '어떤 사이즈가 나에게 적합할까?' 하는 것이다.

직접 착장해볼 수 없으니 고객은 어떤 사이즈가 나에게 맞을지 고민하게 되고, 공급자 입장에서도 사이즈로 인한 교환과 반품 요청 때문에 손실이 적지 않다. 이는 공급자와 소비자 모두에게 해결되지 않는 고민이다. 특히 신발의 경우 발 길이뿐만 아니라,

발 너비, 발등의 높이가 종합적으로 고려되어야 하기 때문에 선택하기 더 어렵다. 구두와 운동화를 신을 때 사이즈가 다른 경우가 많고, 브랜드마다 혹은 동일한 브랜드의 신발이라도 디자인에 따라 사이즈가 다르기에 신발은 온라인 구매보다 오프라인 구매를 선호하는 이들이 많다.

'언제 어디서나 완벽한 핏(fit)'이라는 슬로건으로 신발 유통 시장에서 혁신을 일으키고 있는 '펄핏'의 이선용 대표는 펄핏 창업 전, B2C(생산자와 소비자 간의 거래) 온라인 쇼핑몰을 운영했다. 당시 고객들로부터 다양한 요청을 들었는데, 그중 67%가 사이즈에 관한 것이었다고 한다. 심지어 어떤 고객은 발 모양을 직접 종이에 그려 보내오기도 했다.

신발의 종류에 따라 각자에게 완벽하게 잘 맞는 사이즈가 다른데, 직접 신어보지 않고도 완벽한 핏을 찾는 게 가능할까? 'Perfect Fit'의 줄임말인 펄핏(Perfit) 앱은, 불가능해 보이는 이 미션을 펄핏 키트와 펄핏 AI를 통해 달성한다.

신발 사이즈로 인한 문제는 해외 온라인 쇼핑몰 시장에서도 마찬가지였다. 해외 이커머스 시장 트렌드는 '무료 반품 제도'이다. 이 서비스 덕분에 고객들은 의류를 살 때 부담을 덜게 되었다. 그런데 유독 신발을 구매할 때 나타나는 현상이 있었다. 한 제품을 3켤레씩 주문하는 것이다. 원래 자신의 사이즈 신발과 한 사

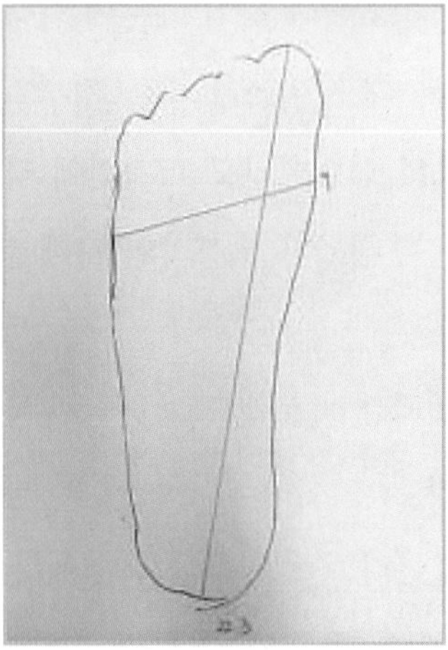

내 발 정보
발 사이즈 측정 결과
측정 완료! 놀라지 마세요. 원래 실제 발길이는 신발 사이즈와는 다르답니다. 신발마다 더 완벽한 핏의 추천사이즈를 찾아드리기 위해 펄핏 AI가 계속 연구해 볼게요.
여자 / 주로 신는 사이즈 230
발 목록
왼발
오른발
224mm
길이
224mm
84mm
너비
87mm
발측정 결과, 정말 얼마나 정확할까요?
추천 사이즈
225

실제 고객이 그려 보내준
발 사이즈와 펄핏 앱이 AI로 측정한
고객의 발 사이즈

이즈 작은 신발, 그리고 한 사이즈 큰 신발, 이렇게 3켤레를 주문한 다음 맞는 사이즈만 신고, 나머지는 반품했다.

무료 반품 제도가 고객들의 문제는 해결해줬지만, 이로 인해 온라인 셀러들의 고민은 커졌다. 반품으로 인한 배송비와 재고 관리 문제가 생겼기 때문이다. 실제로 나이키의 경우 온라인 반품 문제로 전 세계적으로 연간 수조 원의 손실을 보고 있었다.

고객의 문제뿐만 아니라, 공급자들의 문제까지 해결할 수는 없을까? 이선용 대표는 고객에게 딱 맞는 완벽한 사이즈를 알

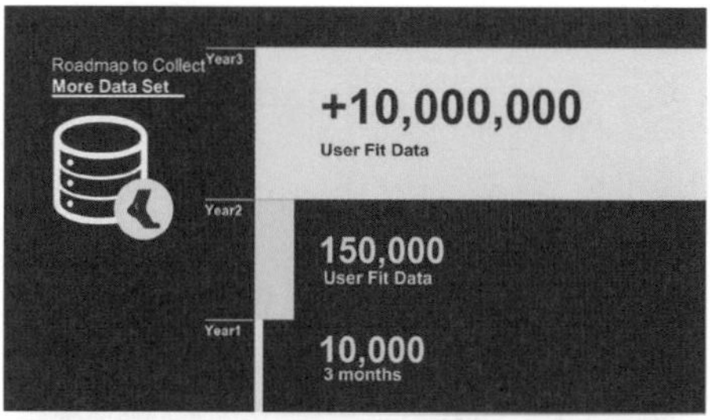

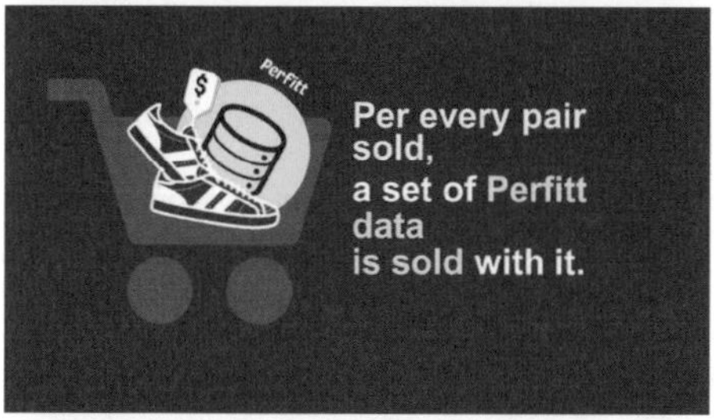

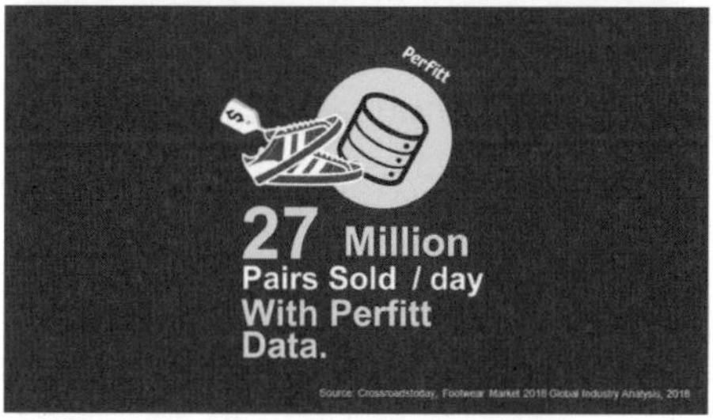

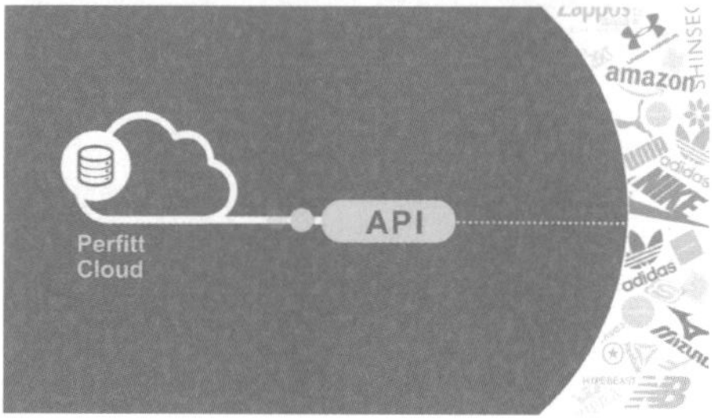

Growth
Strategy

데이터 비즈니스 기업으로서
펄핏의 비전을 표현한 사업 계획서

려주고, 내 발에 완벽하게 맞는 신발을 추천받을 수 있는 B2C 서비스를 구상했다. 이 서비스를 통해 많은 구매자들이 자신의 발과 꼭 맞는 만족스러운 신발 쇼핑을 할 수 있었고, 셀러 역시 반품 부담을 덜 수 있었다.

나이키 등 글로벌 기업과 협업을 통해 비즈니스 사이즈를 키워나가던 펄핏은 축적된 고객 데이터가 오래된 이커머스 시장의 문제를 해결할 수 있음을 깨달았다. 이 대표는 이러한 시장의 니즈를 반영해 비즈니스 확장 전략을 세웠고, 이후 펄핏은 업의 본질을 B2C 서비스에서 '데이터 비즈니스'로 확장한다.

펄핏은 3달 만에 1만 개의 고객 데이터를 쌓았고, 2년 차에 15만 개, 3년 차에는 1천만 개의 데이터 축적을 목표로 하고 있다. 잠재 시장은 매일 온라인에서 신발을 구매하는 2,700만 명의 고객들이다. 이들이 여러 쇼핑몰을 통해 신발을 구매할 때, 펄핏이 가이드라인을 제공할 수 있기 때문이다. 이 대표는 "지금까지 신발에 나의 발을 맞췄다면, 이제는 나의 발에 신발을 맞추게 될 겁니다. 펄핏의 AI가 당신의 발에 꼭 맞는 신발을 찾아줄 테니까요."라며 서비스의 자신감을 드러냈다.

아마존 같은 글로벌 온라인 셀러들까지 펄핏의 데이터를 이용해 고객의 발에 맞는 신발을 추천하게 된다면? 교환이나 반품 걱정 없이 온라인에서 신발을 구매할 수 있는 미래가 곧 다가올 것이다.

맞닿아 있는 시장의 선을 넘어라

인테리어 중개서비스에서
홈퍼니싱 시장으로 진출한
집닥

인테리어 중개서비스 전문기업 '집닥'은 사람들이 간편한 방법으로 믿을 수 있는 인테리어 회사와 연결되어, 편리하게 인테리어를 할 수 있도록 돕는 회사이다. 이를 위해 공사 계약 시 인테리어 전문업체와 시공 현장을 케어하는 집닥맨을 배정하여 고객의 불편사항을 지속적으로 관리할 수 있도록 하며, 업계 최초로 3년간 A/S를 보장해주는 등 고객 신뢰도를 향상시킬 수 있는 서비스를 제공해 차별화에 성공했다.

2021년에는 인테리어 견적을 의뢰한 누적고객이 30만 명을 돌파하며 '간편 안심 인테리어'라는 고객가치 제공을 통해 온라인 인테리어 중개시장에서 견고한 브랜드를 구축하게 되었다. 다만 시장이 성장하는 만큼 경쟁사도 진입하고 있어, 업계 1위를 유지하기 위해서는 성장 전략의 수립과 실행력이 중요하다.

집닥이 수립한 성장 전략은 세 가지이다. 첫 번째는 기존 고객군의 확장이다. 여전히 오프라인으로 인테리어 시공사를 찾는 고객들을 집닥의 온라인 플랫폼으로 유입하는 것이다. 이를 위해 집닥은 집닥맨 앱에서 인테리어 시공 상황을 확인할 수 있도록

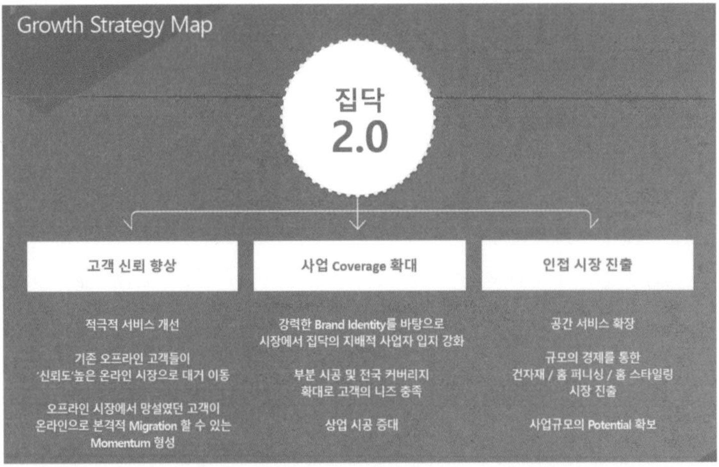

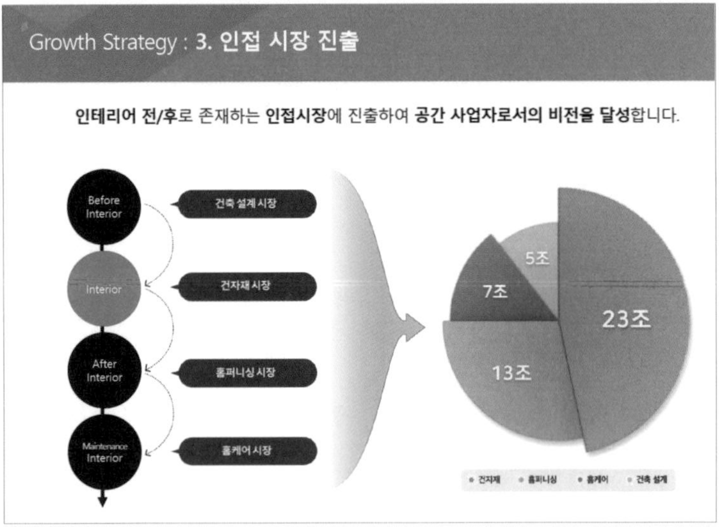

집닥이 세운 성장 전략 세 가지와 그중 인접시장에
진출했을 때 달성할 수 있는 비전을 보여준다.

'실시간 현장 확인' 서비스를 추가했다.

두 번째 전략은 사업 영역의 확장이다. 주방, 욕실, 베란다 등 일부만을 인테리어하려는 수요가 증가하는 트렌드를 반영하여 인테리어 '부분 시공' 특화 서비스를 론칭했다. 부분 시공별 인테리어 팁과 인테리어 업체 포트폴리오를 함께 전달하여 고객이 원하는 스타일로 선택할 수 있도록 맞춤형 솔루션을 제공하는 것이다.

세 번째 전략은 인테리어 전과 후로 존재하는 인접시장에 진출하여 공간 사업자로서의 비전을 달성하는 것이다. 코로나19 이후 집 안에 머무는 시간이 길어짐에 따라, 온라인으로 인테리어 이후 공간을 꾸미려고 하는 고객의 니즈가 증가하고 있었다. 홈퍼니싱 시장과 홈케어 시장에 진출할 수 있는 타이밍이 온 것이다. 다만 집닥은 이를 위해 내부역량을 확충하기보다는, 각 분야의 전문성을 보유한 파트너사와의 협업으로 새로운 기회를 만들어냈다. 미술작품 전시 및 아트컨설팅 서비스 전문기업과의 협업으로 인테리어와 아트상품을 결합하여, 인테리어 시공 이후 홈스타일링 서비스를 제공했다. 또한 가구 회사와의 파트너십을 통해 홈퍼니싱 제품 추천 및 인테리어 디자인 컨설팅을 제공했다.

인테리어 공사에 대한 니즈가 있는 집닥 고객들의 라이프스타일을 고려하여, 이들에게 실질적으로 도움이 되는 혜택을 제공함으로써 '공간 변화를 원하는 모두를 연결하여 삶을 행복하게 만들어 준다.'라는 집닥의 사명이 구현되고 있다.

넓은 시장으로 확장했을 때를 상상하라

사업 확장의 핵심 문제인 품질 관리를 해결한

맥도날드

영화 〈파운더〉는 세계적인 기업인 맥도날드의 탄생과 성장스토리를 담고 있다. 맥도날드 형제는 1948년, 햄버거를 판매하며 당시 고객들을 가장 힘들게 했던 '기다림'이라는 불편함을 해소하고자 했다. 그들은 기존 방식과는 다른, 더 좋은 방법을 연구하여 '혁신'을 이뤄냈다. 맥도날드 형제의 패스트푸드 시스템으로 인해 30분 이상 햄버거가 조리되길 기다렸던 고객들은 주문 후 30초 만에 햄버거를 받을 수 있게 되었다.

하지만 이들에게 '스케일업'이라는 사업 확장에 대한 야망과 비전은 없었다. 이들은 사업이 전국적으로 확장되기보다는, 작은 규모일지라도 철학을 반영한 형태로 유지되길 바랐다.

맥도날드가 잠재력을 가지고 있음을 본 사업가 레이 크록의 확장 제안에도 고개를 저으며 단 두 단어로 거절한다. "Quality

Control(품질관리)" 그러면서 인근에 5개의 프랜차이즈 매장을 운영해보니 본사와는 다른 메뉴가 생기고, 청결 관리도 어렵고, 맛이 달라지는 등 관리가 쉽지 않았다고 말한다.

스케일업에 있어 가장 중요한 이슈는 맥도날드 형제의 말처럼 '품질 관리'다. 하지만 맥도날드 형제와 달리 사업가 정신이 강했던 레이 크록은 이 이슈를 해결하기 위한 방법을 적극적으로 찾아 나갔다. 그리고 사업의 규모가 커지면서 달라진 수익 모델에 맞춰 비즈니스 모델을 바꾸며 이 문제를 해결한다. 바로 햄버거를 팔아서 돈을 버는 것이 아니라 부동산, 즉 땅의 가치 상승으로 돈을 버는 구조로 수익 모델을 바꾼 것이다.

본사에서 새로 오픈하는 지점의 입지를 선정하고 땅을 매입한 후, 지점장과 임대 계약을 체결했다. 그리고 불시에 매장에 방문해 본사에서 지정한 품질 기준을 벗어날 경우 임대 계약을 해지했다. 맥도날드가 지역을 활성화시키는 역할을 했기 때문에, 시간이 지날수록 매장이 위치한 부동산의 가격은 올라갔고, 수익성 또한 훨씬 높아졌는데, 여기서 중요한 건 수익만이 아니다. 이 비즈 모델의 가장 큰 장점은 품질 관리가 가능하다는 점, 즉 넓은 지역으로 빠르게 서비스를 확장할 경우 고객가치 제안과 시스템 관리 등에 생길 수 있는 문제를 해결할 수 있다는 것이다.

목표를 세우고 그것을 달성해가는 과정에서 많은 시도가

필요하고, 시행착오가 있을 수밖에 없다. 레이 크록은 이를 해결하기 위해 시스템을 마련했고, 1961년 본사에 '햄버거 대학'을 만들어서 전국 각지의 점주들을 모아 서비스 교육을 하는 등 새로운 시도를 했다. 한 미국 언론이 "콜롬버스는 미국을 발견했고, 제퍼슨은 미국을 건국했고, 레이 크록은 미국을 '맥도날드화'했다."라고 전하기도 했을 정도로 맥도날드는 품질 관리 문제를 해결하면서 미국 전역으로 빠르게 확장해나갔다. 혁신적인 패스트푸드 시스템을 개발한 것은 맥도날드 형제이지만, 사업 확장 전략과 글로벌 기업으로서 비전을 세우고, 일을 추진한 것은 레이 크록이었다. 그리고 맥도날드는 오늘날 전 세계 100개국 이상으로 진출하여 글로벌 기업이 되었다.

맥도날드의 경우 패스트푸드 시스템을 구축한 '혁신' 부분은 맥도날드 형제가 담당했고, 이후 '스케일업' 부분은 레이 크록이 담당했다. 하지만 스타트업을 시작하는 사람들은 이 두 가지, 즉 혁신과 성장 전략을 모두 고려해야 한다. 그래서 거점시장에서 MVP를 출시하고 테스트하여 사업 모델을 검증하고, 이를 빠르게 확장시킬 수 있는 속도와 실행력이 필요하다.

스타트업의 성장 곡선에서 X축은 시간, Y축은 수입을 뜻한다. 사업 초기 시제품을 검증하는 단계에는 매출이 없고 인건비와 시제품 제작비, 플랫폼 구축 비용 등이 필요하기 때문에 엔젤 투자를 받지 못하면 '데스밸리(Death Valley)'에 빠질 수 있다. 초기 투자금으로는 시장 테스트를 통해 제품과 시장의 적합성(Market-Product

Fit)을 판단한 뒤 제품을 완성해야 한다. 투자 유치를 위해서는 적은 수치라 할지라도 MVP 테스트를 통한 결과를 수집해야 하는데, 이때 고객 트래픽 증가, 또는 매출 증가 그래프를 통해 시장의 반응을 보여줄 수 있으면 좋다.

제품 검증까지 성공적으로 마쳤다면 급격하게 성장하는 단계에 들어서게 된다. 이때는 대규모의 투자 유치와 빠른 실행력이 필요하다. 브랜딩, 마케팅을 통해 시장을 넓히면서 급격한 성장이 이루어지는 과정, 거점시장 공략에 성공한 뒤 후속 시장으로 확장

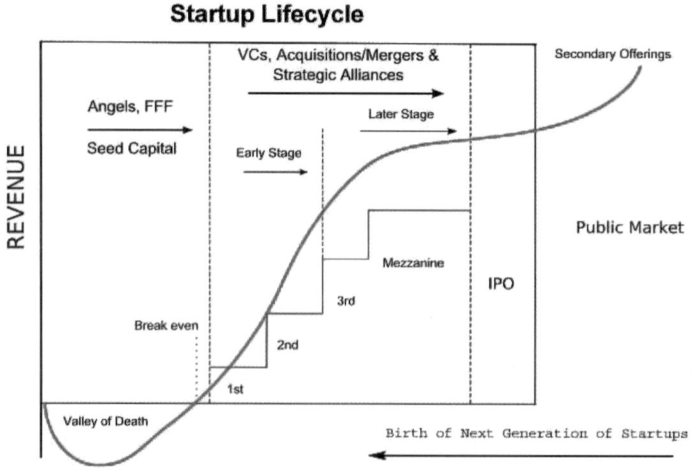

스타트업의 성장 곡선 J커브

하는 과정에서 새로운 고객들이 예상하지 못한 반응을 보일 수 있는데 이때 창업가가 흔들리지 않고 기업의 핵심역량과 고객가치 제안을 유지하는 것이 중요하다.

이와 같은 스타트업의 성장 과정을 그림으로 그려 보면 J커브 모양을 보인다. 사업 확장 전략 및 계획을 수립해야 하는 이유는 다음 목표에 대한 큰 그림이 있어야 얻는 것도 커지기 때문이다. 다만 이 계획은 사업을 확장해가며 언제든지 수정될 수 있다.

실제로 사업을 하다 보면 계획대로 진행되지 않아 사업 계획이나 비즈니스 모델이 바뀔 수 있다. 하지만 창업가가 추구하는 가치, 사업의 방향성은 변하지 말아야 한다. 그래야 창업팀, 그리고 투자자와 함께 하나의 비전을 품고 나아갈 수 있다.

7

팀 역량과 미션

Team Building &Mission

성공으로 가는 길은 혼자 걷는 길이 아니다

Team
Building
&Mission

첫인상에서 팀 역량을 보여줘야 하는 이유

>> 팀원 소개로 실현 가능성을 보여준 에어비앤비

팀원이 가진 역량을 최대한 활용하라

>> 소규모 스타트업이 우주 산업에 뛰어들 수 있었던 이유, 컨텍

팀의 신뢰는 투자를 부른다

>> 팀원 간 신뢰로 지켜낸 송금 플랫폼, 센트비

고객을 자발적 마케터로 만드는 비전

>> 서로가 서로를 구하는 생명의 선순환, 119레오

모든 구성원이 한 방향을 보게 만드는 비전

>> 문자 보내듯 송금하고, 과자 사듯 주식 사는 토스

성공한 투자자 레이 달리오는 자신만의 원칙을 세우고, 이를 실천하여 성공에 이르게 되었다고 한다. 레이 달리오는 성장하는 과정을 아래 그림과 같이 쉽게 표현하였다.

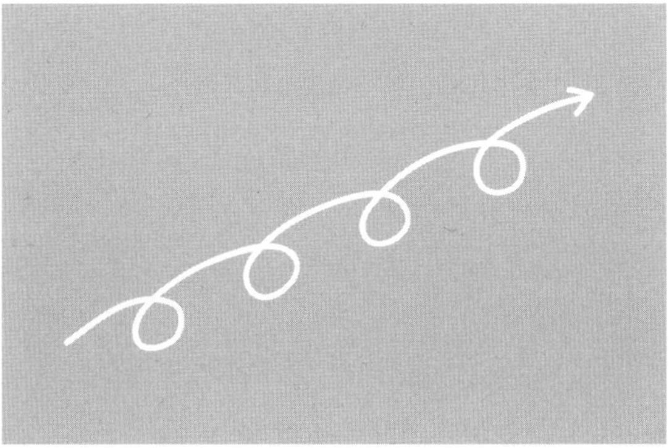

원대한 목표로 향하는 길은 일직선이 아니라 스프링 모양이다. 새로운 일에 도전하면 앞으로 나아가는 것 같다가도 고꾸라지는 순간을 경험하게 된다. 그러나 이때 포기하지 않으면 결국 이루고자 했던 목표를 달성할 수 있다. 실패를 통해 배우고, 이 깨달음을 반영하여 다음 단계로 나아갈 수 있기 때문이다.

이러한 과정을 몇 번 반복하다 보면 원대한 목표를 향해 나아가고 있음을 느낄 것이다.

스타트업 또한 같다. 스타트업은 일직선으로 성장하지 않는다. 스타트업이 문제에 부딪히면서도 나아가 급격한 성장의 길, 즉 J커브 곡선을 그리기 위해서는 '명확한 비전'을 가지고 있어야 하고, '그 비전으로 인해 가슴이 뛰고, 현실화 시킬 수 있는 능력을 가진 사람들'이 함께 해야 한다.

스타트업의 미래는 창업 팀을 보고 판단할 수밖에 없다. 창업가의 철학과 회사의 사명을 통해 어떤 마인드로 계획을 실천할 것인지 판단하고, 창업 팀의 능력치를 통해 실현 가능성을 판단할 수 있기 때문이다.

그리고 시장 상황에 따라, 시대의 흐름에 따라 비즈니스의 형태는 얼마든지 바뀔 수 있다. 그러나 처음 창업가가 가슴에 품었던 사명을 지키고 현실화시키려는 모습은 함께하는 이들을 감동시킨다. 이것은 꼭 고객에게까지 전달되어 그의 꿈에 동참하고 싶게 만든다.

사업 계획서나 IR 자료에 이러한 스토리가 잘 담긴다면 투자자 그리고 나아가 고객들에게 '왜 이 사업이 세상에 존재해야 하는지' 진정성을 전달할 수 있을 것이다.

살아남기 위한 마지막 요소: 비전을 실현할 수 있는 사람인가?

스타트업이 시장에서 살아남기 위해 중요한 마지막 요소는 무엇일까? 나는 레이 달리오의 말처럼 '실패에 굴하지 않고 계속하는 것'이라고 생각한다. 그러기 위해서는 창업가와 핵심 구성원들의 역량이 중요하다.

스타트업 씬에 있으면서 상당히 많은 투자자들을 만날 수 있었고, 이들과 소통하는 동안 '사람이 가장 중요하다.'라는 얘기를 많이 들었다. 나 역시 액셀러레이팅 업무를 담당하며 초기 스타트업을 발굴하고, 투자하고, 밸류업할 수 있도록 돕는 일을 하면서, 스타트업 대표의 가치관과 팀의 역량이 가장 중요함을 절실하게 공감하게 되었다.

DSC의 신동원 이사는 수년간의 스타트업 투자 경험을 바탕으로 집필한 〈스타트업 투자의 미래전략-벤처 캐피털(VC) 투자 전략을 중심으로〉라는 연구 논문에서 사례 분석을 통한 가설 검증 방식으로, 스타트업의 초기 투자 평가에 영향을 미치는 결정 요인을 6가지 항목으로 분류했다. 추출된 6가지 투자 결정 기준을 우선 순위로 적으면 다음과 같다.

1. 창업가(창업 팀): 창업가 또는 창업 팀의 경력 및 전문성, 잠재 성장 가능성, 기술 보유 역량 등
2. 시장의 우수성: 기업의 기술 또는 서비스 아이템의 시장 규모, 확산 가능성 및 경쟁 정도
3. 기술이나 서비스의 독창성: 기업의 핵심 기술 또는 서비스의 독창성 및 전문성
4. 비즈니스 모델의 우수성: 비즈니스 모델의 창의성, 수익 모델의 실현 가능성, 예상되는 수익의 규모 등
5. 과거 재무 실적: 최근 3년간 재무상태 표, 손익 계산서, 현금 흐름 표
6. 향후 손익 예측: 향후 3년간 손익 예측 데이터

신 이사는 투자를 유치한 스타트업 30개를 선정하고, 이 기

업들을 6가지 기준에서 평가했다. 그 결과 위 6가지 항목 중 '창업가와 팀', '시장의 우수성', '기술이나 서비스의 독창성'이 초기 기업의 성과에 중요한 영향을 미친 3가지 요소이며, 특히 '창업가와 팀'이 초기 기업의 심사에서 가장 중요하게 판단해야 하는 요소라는 결론을 얻었다.

이러한 결과는 미국의 투자 행태와는 다소 다른 시각을 보인다. 미국의 벤처 캐피털리스트는 투자 의사를 결정할 때 '시장'을 우선으로 본다. 반면 한국의 벤처 캐피털리스트는 시장 성장성이나 시장 규모보다는 창업가와 창업 팀을 더 중요하게 평가하는 경향이 있었다.

첫인상에서 팀 역량을 보여줘야 하는 이유

팀원 소개로 실현 가능성을 보여준

에어비앤비

스타트업의 피칭 자료는 팀의 과거와 현재, 그리고 미래를 보여준다. 이들은 어떠한 문제를 해결하려고 하는지, 이를 위해 어떤 노력을 해왔는지, 앞으로 어떤 비전을 향해 사업을 실행할 것인지를 보여주기 때문이다.

사업 확장 계획까지 듣고 나면, 지금의 모습과는 큰 차이가 나는 너무나 거창한 미래의 일이라고 생각되기도 한다. 하지만 이를 실현해내는 창업가도 있고, 개인의 사정 또는 시장의 변화 때문에 이를 실행하지 못하는 이들도 있다. 구성원의 변화는 내부적으로 컨트롤할 수 있지만 시장의 변화 등 외적 요인은 팀의 의지가 아무리 강해도 막을 수 없는 부분이기 때문이다.

누군가 나에게 "스타트업에게 가장 중요한 역량이 무엇인가?"라고 묻는다면, 초기의 계획과 달라지더라도 변화에 유연하게 대응하며, 그 상황에 적절한 방안으로 사업을 만들어갈 수 있는 팀 역량, 즉 '사람'이라고 답할 것이다.

투자자들에게 창업 팀이 과거에 어떤 경험을 해왔는지를 보여줌으로써 팀에 대한 신뢰도를 높일 수 있다. 지금 하려는 비즈니스와 연관성이 있는 경험, 기술력을 보유하고 있다면 성공할 가능성이 높아지기 때문이다. 이때 학력 같은 스펙보다는, 실제로 어떤 것들을 성취하였고, 경험을 통해 인사이트를 가지고 있는지를 중점적으로 보여주는 것이 효과적이다.

에어비앤비는 초기에 투자를 유치하기 위한 프레젠테이션에서 CEO의 역량뿐만 아니라, 기술적으로 구현해낼 역할을 할 CTO, 제품 또는 서비스를 판매하고 유통하기 위한 CMO를 대표적으로 보여주었다.

airbnb
Team
Joe Gebbia
User Interface & PR
Holds a patent for his product, Critbuns(R). Has dual BFA's in graphic design and industrial design from Rhode Island School of Design (RISD).
Brian Chesky
Business Development & Brand
Founder of Brian Chesky Inc, industrial design consultant. Has a BFA in industrial design from RISD.
Nathan Blecharcyk
Developer
Created Facebook Apps "Your neighbors" (75,000 users). Computer Science from Harvard Nate. Worked @ Microsoft, OPNET Technologies and Batiq.
Michael Seibel, Advisor
Michael is the CEO and Co-founder of justin.tv, a San Francisco based venture funded startup that delivers live video to the Internet.

에어비앤비를 공동 창업한 세 사람 조 가비아, 브라이언 체스키,
네이선 블레차르지크의 역할과 이력을 소개한 사업 계획서

에어비앤비처럼 팀의 모든 구성원을 보여주기보다는 핵심적인 역할을 수행할 인력들을 중점적으로 소개함으로써 이들이 이 비즈니스를 잘할 수 있는 이유를 보여주는 것이 효과적이다.

한편, 비즈니스를 구현하기 위해 필요한 역량이지만 내부에 갖추고 있지 않을 수도 있다. 이때는 외부 역량을 통할 수도 있다. 모든 역량을 갖춘 창업가는 존재하지 않는다. 그러므로 전문성을 가지고 있는 파트너사와의 협력을 통해 비전과 목표를 구현할 수 있음을 보여줘도 된다.

팀원이 가진 역량을 최대한 활용하라

소규모 스타트업이 우주 산업에 뛰어들 수 있었던 이유,

컨텍

O2O(Online to Offline) 비즈니스는 네트워크 효과가 중요하기 때문에 빠르게 사업을 확장할 수 있는 실행력이 중요하다. 이와는 다르게 기술적인 측면에서 진입 장벽이 높은 분야도 있다. 우주 항공 산업 같은 경우, 국내에서는 그동안 B2G(Business to Government) 위주로만 비즈니스가 이루어져 일반인들에게는 다소 낯선 분야이다.

'우주 지상국'이라는 장치는 인공위성 데이터를 수신하는 기능을 한다. 국내에 민간 기업으로는 최초로 제주에 우주 지상국을 설치하고 이를 통해 수신받은 위성 영상 데이터를 딥러닝 알고리즘을 통해 분석하는 비즈니스를 하는 스타트업이 있다. 컨텍은 영화 <콘택트>의 내용처럼 우주의 메시지를 지구와 연결하고자 하는 미션을 가지고 있다. 지구 주위의 위성이나 위성 발사체로부터 데이터를 수신하고 처리하는 우주 산업 기반의 스타트업이다.

미국의 창업가들은 이미 우주 산업에 큰 관심을 가지고 적극적으로 뛰어들었다. 테슬라의 일론 머스크가 이끄는 스페이스엑스(SpaceX), 아마존의 제프 베조스가 이끄는 블루 오리진(Blue

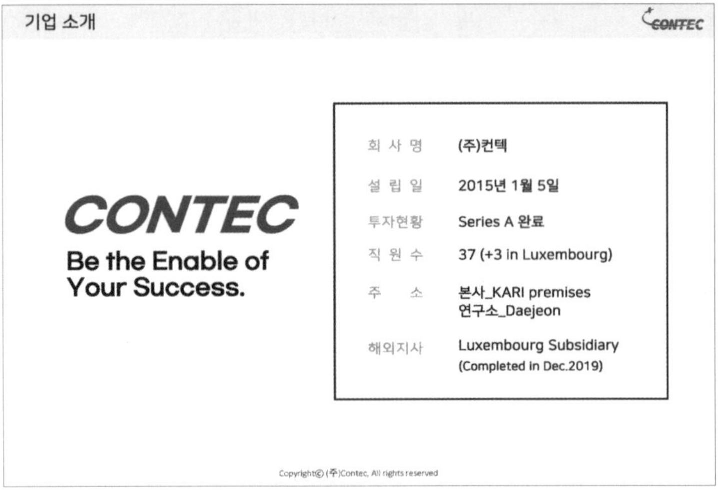

기업 소개
CONTEC
CONTEC
Be the Enable of
Your Success.
회 사 명 (주)컨텍
설 립 일 2015년 1월 5일
투자현황 Series A 완료
직 원 수 37 (+3 in Luxembourg)
주 소 본사_KARI premises
연구소_Daejeon
해외지사 Luxembourg Subsidiary
(Completed in Dec.2019)
Copyright© (주)Contec, All rights reserved

주요 인력 현황
CONTEC
㈜컨텍은 항공우주연구원 창업기업으로핵심 경영진은 우주 및 IT분야 10년 이상 경험을 보유
이성희, CEO
-공학박사(우주전자정보)
-항우연('02~'17)
-교과부 장관상(나로호발사)
서동춘, 경영기획실장
-공학석사(산업시스템)
-경영지원/사업기획 총괄
전민표,지상체계팀장
-공학사(정보보안)
-우주지상국 안테나시스 설계/통합
최기환, 위성운용 팀장
-공학석사(전파)
-우주지상국 운용 총괄
강주형, 위성영상 처리팀장
-공학석사(제어계측)
-위성영상처리 운용총괄
김보수, 응용SW 팀장
-공학사(전자공학)
-우주지상국 SW개발 총괄
Copyright© (주)Contec, All rights reserved

팀 구성원들의 전문성을 적극적으로 드러낸
컨텍의 사업 계획서

Origin) 등은 향후 약 10년간 4만 개 이상의 인공위성을 우주 상공에 띄울 예정이며, 나아가 지구에서 우주로 여행을 떠나는 시대를 열겠다고 발표했다.

그런데 이들에 비해 자본이 턱없이 부족하고 규모도 작은 스타트업이, 고도의 지식과 기술을 보유하고 있어야 하는 우주 산업에 도전할 수 있을까? 컨텍에는 10년 넘게 항공우주연구원에서 관련 분야의 전문성을 쌓아온 경험이 있는 대표와 핵심 경영진이 있기에 가능하다.

우주 관련 산업은 미국 실리콘밸리, 유럽의 룩셈부르크와 프랑스 등의 국가에서는 민간 사업자들도 진출한 분야이지만, 아시아에서는 국가 주도로 성장해왔다. 특히 국내에서는 정부 출연 연구 기관인 항공우주연구원에서 거의 모든 기술력을 보유하고 있어 민간 기업이 접근하기 어려운 시장이었다.

컨텍은 항공우주연구원에서 16년 동안 인공위성 수신 서비스 관련한 하드웨어, 소프트웨어 분야를 모두 경험한 이성희 대표가 사내 벤처 형태로 창업하여 기술 경쟁력을 확보했다. 그리고 외부 전문가도 적극적으로 활용한다. 룩셈부르크에 지사를 설립한 후 스카이프(Skype)의 공동 창업자인 마이클잭슨 맹그로브가 조력자로 참여하는 등 글로벌 시장에서 B2B 사업의 가능성을 입증하고 있다.

현재 글로벌 시장에서는 우주 지상국 데이터 수신 처리 서비스와 위성 영상 이미지 활용 서비스 분야의 시장이 커지고 있다. 아시아에서는 컨텍이 기술적으로 높은 진입 장벽을 구축하며 관련 분야의 대표적인 기업으로 성장하고 있다.

팀의 신뢰는 투자를 부른다

팀원 간 신뢰로 지켜낸 송금 플랫폼,

센트비

한화투자증권에서 벤처투자업무를 담당하고 있는 김기한 부장은 10년 이상 금융업계에서 경력을 쌓아왔다. 그는 금융업에 있어 가장 중요한 3가지는 라이선스, 자본, 사람이라면서, 그중에서도 가장 중요하고 변함없는 것은 '사람'이라고 힘주어 말했다.

김 부장은 금융 스타트업 '센트비(SENTBE)'를 떠올렸다. 외환 송금 서비스를 제공하는 센트비의 타깃고객은 국내에서 일하는 외국인이다. 이들의 본국 송금 시장 규모는 약 28조 원으로 추산되는데 은행을 이용할 경우 적은 금액을 송금하는 데도 비싼 수수료를 물어야 하고, 동남아시아에는 은행 계좌를 사용하지 않는 국가도 많다는 단점이 있다. 센트비는 이 문제점을 해결하고자 국내에 있는 외국인들이 편리하고 안전한 방법으로, 또 10분의 1 수준의 저렴한 수수료로 송금할 수 있는 플랫폼을 구축했다.

2018년 말, 센트비는 긴급한 상황에 처해 있었다. 금융기관 라이선스에 문제가 생겼기 때문이다. 당시 해외송금 관련 국내 라이선스는 일반형과 전업형으로 구분되어 있었는데, 전업형 라이선스를 보유한 업체는 분기별 송금액이 일정 수준을 넘을 경우, 일반형 라이선스로 변경해야만 했다. 가파르게 성장하고 있던 센트비도 라이선스를 급히 변경해야 하는 상황에 처했다. 문제는 라이선스 전환을 위해 일정 수준의 자본을 가지고 있어야 했는데 사내 유보금이 부족한 상황이었던 것이다. 긴급한 투자 유치가 필요한 상황이었다.

당시 센트비에 투자를 검토하던 김기한 과장은 빠른 투자를 통해 센트비가 라이선스를 변경할 수 있도록 도왔다. 그 배경에는 3가지 요소 중 가장 중요한 사람, 즉 센트비를 이끄는 대표와 팀원들에 대한 신뢰가 있었다고 한다.

회사가 긴급한 상황에 처해 있었음에도 센트비의 최성욱 대표는 리더십을 유지하면서 수십 명의 직원들과 함께 해결 방안을 찾아나갔다. 이 모습은 투자자에게 확신을 주었다. 금융업은 특히 위기 상황에서의 대처 능력이 중요하기 때문이다.

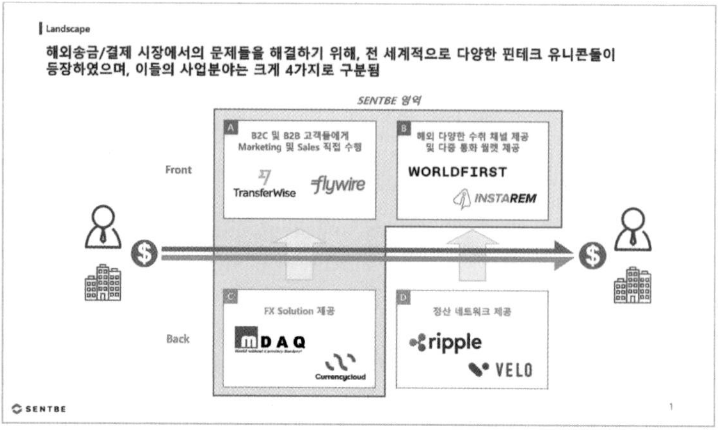
Landscape
해외송금/결제 시장에서의 문제들을 해결하기 위해, 전 세계적으로 다양한 핀테크 유니콘들이 등장하였으며, 이들의 사업분야는 크게 4가지로 구분됨
SENTBE 영역
Front
Back
A
B2C 및 B2B 고객들에게 Marketing 및 Sales 직접 수행
TransferWise
flywire
B
해외 다양한 수취 채널 제공 및 다중 통화 월렛 제공
WORLDFIRST
INSTAREM
C
FX Solution 제공
DAQ
Currencycloud
D
정산 네트워크 제공
ripple
VELO
SENTBE
1

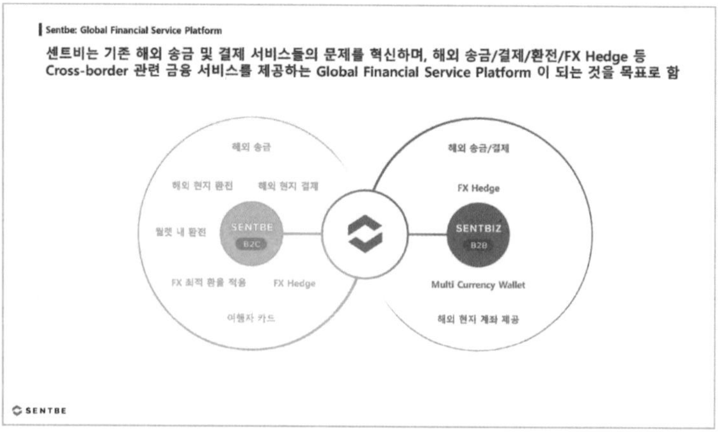
Sentbe: Global Financial Service Platform
센트비는 기존 해외 송금 및 결제 서비스들의 문제를 혁신하며, 해외 송금/결제/환전/FX Hedge 등 Cross-border 관련 금융 서비스를 제공하는 Global Financial Service Platform 이 되는 것을 목표로 함
해외 송금
해외 현지 환전
해외 현지 결제
월렛 내 환전
SENTBE
B2C
FX 최적 환율 적용
FX Hedge
여행자 카드
해외 송금/결제
FX Hedge
SENTBIZ
B2B
Multi Currency Wallet
해외 현지 계좌 제공
SENTBE

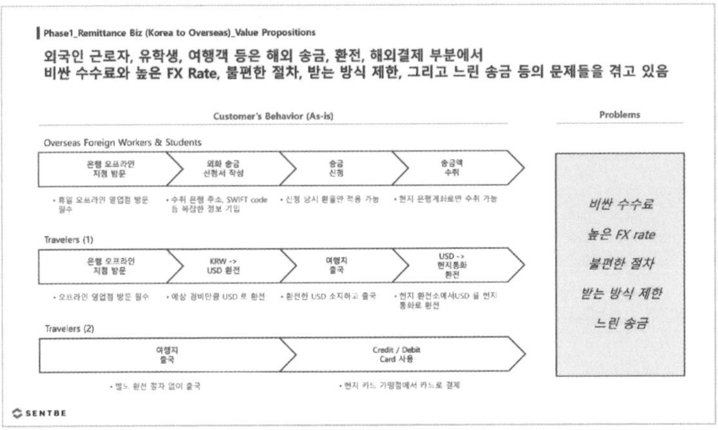

센트비가 정의한 문제와 이를 어떻게
해결하고자 하는지 보여주는 사업 계획서

창업의 시작과 끝, 비전: 어떤 가치를 전달할 것인가?

"인생은 멋진 희망으로 가득하다. 끊임없이 꿈을 꾸며 낭만적이고 긍정적인 사고를 유지한다면 미래는 더욱 활짝 열릴 것이다."

전 세계 경영자들이 존경하는 일본의 경영자 이나모리 가즈오의 말이다. 그의 말처럼 대부분의 창업가는 낙관적인 사고 방식과 긍정적인 마인드를 가지고 있다. 창업가의 긍정적인 마인드는 고객에게 그대로 전해지기 마련이다. 그렇게 고객은 어느 순간 '팬(fan)'이 된다. 고객을 팬으로 만들기 위해서는 창업가의 마인드를 잘 전할 수 있는 '스토리텔링(story telling)'이 중요하다.

스토리텔링과 가치 전달이 중요해지면서 사회에 긍정적인 영향을 주는 스타트업에 투자하는 '임팩트 투자'도 늘고 있다. '이익'과 '성장'을 넘어 '이 일로 어떻게 사회에 기여할 것인가?'까지 고민하는 창업가라면 훨씬 더 많은 기회가 찾아올 것이다.

고객을 자발적 마케터로 만드는 비전

서로가 서로를 구하는 생명의 선순환, 119레오

'119레오'는 따로 마케팅을 하지 않는다. 대신 '119레오'의 스토리를 전하고 싶은 고객들이 자발적인 마케터가 되어 활동한다. 무엇이 이들의 마음을 움직였을까?

'119레오'의 창업가 이승우 대표는 대학시절 '사회 문제를 비즈니스로 푼다'라는 목적을 가진 동아리에서 활동하며, 전국의 소방관을 직접 만나 현장의 목소리를 들어보게 되었다고 한다. 현장에서 만난 120여 명의 소방관을 통해 화재 현장에서 나오는 유해 물질로 인해 암에 걸려 죽어가는 소방관이 많다는 것을 알게 되었고, 이후 기념으로 받은 폐방화복을 동아리방에 걸어두고 계속 바라보다 업사이클링 아이디어를 떠올렸다고 한다.

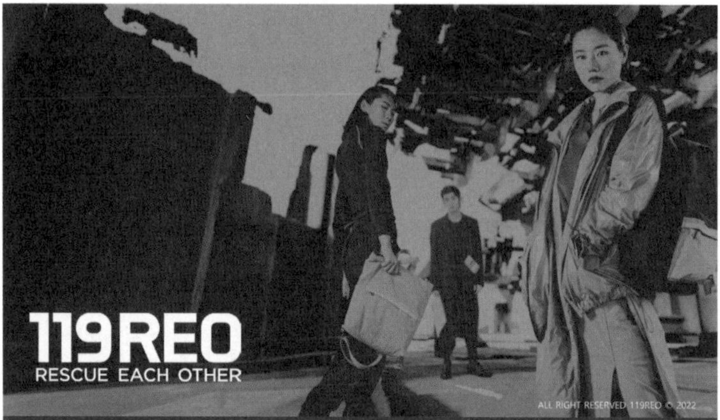

About us

생명을 구하는 노력을 나눌 수 없고,
생명을 구하기 위한 땀을 나누어 흘릴 수 없고,
생명을 구하는 무게를 나누어 질 수 없습니다.

.

그러나 우리는 할 수 있는 것이 없다고
아무것도 안 하지는 않을 것입니다.

.

생명을 구하는 가치를 존경할 것이고,
생명을 구하기 위한 냄새를 기억할 것이고,
생명을 구하는 희생에 감사함을 표할 것입니다.

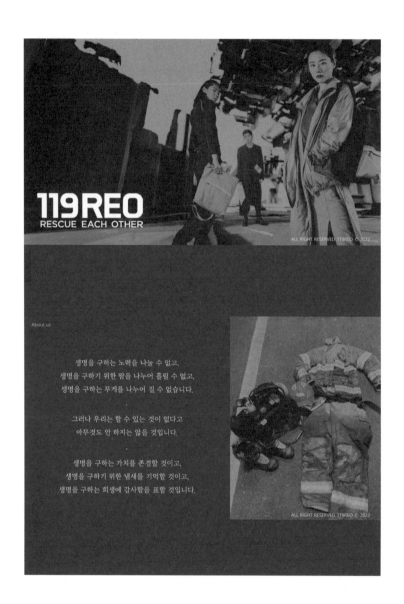

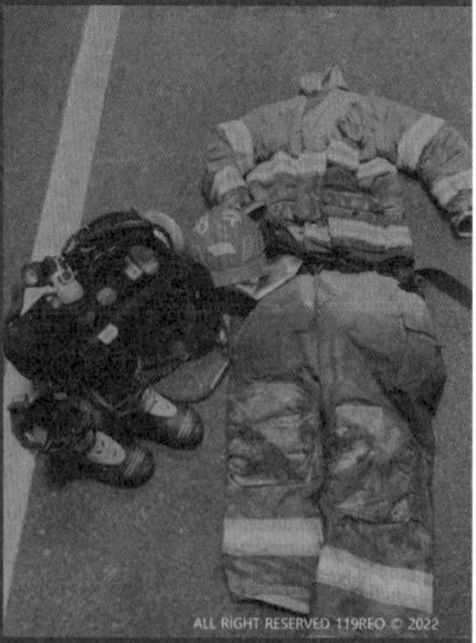

Our Mission

Only brave people can be Rescue Each Other

Just as firefighters save us, we also save firefighters.
Create a society where each other rescues each other.

Our Business

Upcycling
생명을 구한 소방 장비를 업사이클링 합니다.
(방화복, 소방호스, 리사이클링사 등)

Donation
소방관 권리 보장에 동참합니다.
(암 투병 소방관 지원 등)

Exhibition
생명을 구한 이야기를 전합니다.

'방화복이 소방관을 지켜주니까, 폐방화복을 활용해 다시 소방관을 지켜주면 어떨까?' 이 대표는 '서로가 서로를 구하는 세상을 만들고 싶다'라는 열정으로, 'Rescue Each Other'의 첫 글자를 따 119레오를 창업했다.

119레오는 소방관들이 입는 방화복이 수명을 다하면 백팩, 슬링백, 지갑 등으로 업사이클링하여 판매한다. 그리고 그렇게 얻은 수익금의 절반을 기부하여, 암 투병 중인 소방관을 구한다.

얼핏 간단해 보이지만 방화복은 내구연한이 3년으로 1년에 1만 벌이 버려지고, 이 방화복으로 백팩 한 개를 만들기 위해서는 방화복 한 벌을 두 번 세탁하고, 분해하고, 다시 조립하는 과정을 거쳐야 했다. 새 제품을 만드는 것보다 복잡한 과정이었으나 이 대표의 비전과 용기는 가방 공방 사장님들의 공감을 이끌어냈고, 이들의 도움을 받아 아이디어를 현실로 옮길 수 있었다.

지속 가능한 비즈니스가 되기 위해서는 마음이 따뜻해지는 119레오의 스토리와 함께 마음을 움직이는 제품이 바탕이 되어야 했다. 방화복은 아마니드 섬유를 소재로 사용해 높은 고열을 이겨내는 내열 성능뿐만 아니라 살수 성능까지 가지고 있다. 방화복 소재가 가진 이 장점을 온전히 살려 재탄생한 가방은 약 400도의 온도를 견딜 수 있으며, 인장 강도가 철보다 다섯 배 강한데 기존 가방보다 1/3 정도 가볍다.

좋은 제품에 좋은 스토리가 더해져 지금도 이 대표의 창업 스토리를 전하고 싶은 고객들, 따뜻한 마음에 감동한 기자, 인플루언서, 유튜버들이 자발적인 마케터가 되어 119레오의 미션을 소문내고 있다. 때로는 백 가지의 마케팅보다 제품에 담긴 창업가의 마인드가 그 무엇보다 강한 마케팅이 되어줄 것이다.

그리고 이 대표는 먼 미래의 이야기일 수 있지만 따뜻한 세상의 범주를 전 세계로 넓힐 수 있길 꿈꾸고 있다. 개발도상국 소방관들은 지금도 방화복 대신 우비를 입고 불속으로 뛰어든다고 한다. 폴리에스테르 가격보다 아라미드 섬유가 40배 정도 비싸기 때문이다. 이 대표는 이들에게 방화복을 지원하는 글로벌 친환경 가방 브랜드가 되고자 한다. 서로가 서로를 구하는 선순환 구조를 달성하는 것을 목표로 원단 및 디자인을 다양화하고, 여러 브랜드와 협업을 진행하며 브랜드를 성장시키고 있다.

모든 구성원이 한 방향을 보게 만드는 비전

문자 보내듯 송금하고, 과자 사듯 주식 사는

토스

스타트업이 성장하기 위해서는 창업가부터 맨 마지막에 합류한 사람까지 조직의 모든 구성원들이 한 방향을 바라봐야 한다. 그래서 방향성을 제시하는 '사명'이 특히 중요하다. 가슴 뛰는 사명은 구성원들의 내적 동기 부여에도 큰 영향을 미친다.

토스 창업팀은 8번의 실패 끝에 큰 교훈을 얻었다고 한다. '세상 사람들이 진짜 불편한 무언가를 찾아보자. 그리고 그것을 해결해주자' 이렇게 토스 초기 창업팀 5명은 일상생활의 불편함을 찾아 나섰다. 현장으로 나가 시장조사를 하며 인터넷 뱅킹, 공인인증서 오류 등 웹/앱으로 은행 업무를 볼 때 스트레스를 유발하는 불편함이 존재하는 것을 알게 되었다. '어렵고 복잡한 은행 업무를, 쉽고 빠르게 바꿔보면 어떨까?' 검증하기 전에는 가설에 불과하므로, 고객에게 진짜 필요한 서비스인지를 테스트하기 위해 서비스를 소개하는 웹사이트를 만들었다. 초기에 집중하고자 했던 미션은 '송금을 간편하고 빠르게' 간편 송금앱으로 포지셔닝 했다.

토스 팀은 랜딩 페이지에 수만 명이 방문하고 SNS를 통해 확산되는 등 잠재고객들이 열광하는 반응을 확인한 후, 앱을 개발

토스의 첫 랜딩 페이지

하기 시작했다. 이렇게 고객의 니즈를 확인하며 시작한 토스 팀은, 우리 서비스에 열광하는 고객 100명을 발굴하게 되었고 '사회에서 꼭 필요로 하는 서비스'라는 확신을 갖게 되었다고 한다. 규제가 가장 복잡하고 까다로운 금융 영역이었기에 도중에 서비스가 중단되는 어려움이 있었지만, 이 확신과 미션이 힘든 시기를 이겨낼 수 있는 원동력이 되었다.

문자 보내듯 간편하게 송금하는 서비스를 시작으로 사업을 확장하며, '금융이 쉬워진다, Toss'라는 범위로 미션을 확장했다. 현재는 쉽고 편리한 금융을 넘어 모두의 평등한 금융 경험을 위해 새로운 차원의 금융으로 나아가고 있다. 토스는 이 명확한 미션을 달성하기 위해 유니콘이 된 지금도 회사의 모든 역량을 집중한다. 기존의 불편함을 제거하고, 완전히 새로운 서비스 디자인을 하기 위해서는 기존 프로세스를 완전히 혁신하는 것이 필요했다. 특히 토스는 '사용자 경험'에 초점을 맞추어 혁신하는데 집중했고, 유니콘 기업이 될 수 있었다. 이렇게 이 미션에 설레는 사람들, 불가능한 것을 꿈꾸고 그것을 가능하게 만드는 사람들이 모였고, 간편송금 서비스를 시작으로 손쉽고 빠르게 지출 내역을 확인하고, 보험에 가입하고, 주식을 거래하는 등 일상의 불편함을 기술을 통해 혁신해나가는 변화를 만들어 나가고 있다.

경영학자 피터 드러커는 저서 《기업가 정신》에서 기업가 정신을 '외부 환경 변화에 민감하게 대응하면서 항상 기회를 추구하고, 그 기회를 잡기 위해 혁신적인 사고와 행동을 하고, 그로 인해 시장에 새로운 가치를 창조하는 행위'라고 정의했다. 그리고 '혁신을 통해 새로운 가치를 창조해나가는 사람들'을 기업가라고 말했다. 창업가 정신도 이와 다르지 않다.

지금도 많은 학자들이 창업가 정신에 관하여 연구하고 있지만, 대표적으로 언급되는 창업가의 기질은 다음과 같다.

- 결단력과 발 빠른 실행력
- 높은 성취동기
- 끈질긴 문제 해결 의지

- 목표한 바를 포기하지 않는 인내심
- 시장의 흐름을 읽어내는 감각
- 높은 수준의 에너지. 창의성과 혁신성
- 강렬한 몰입력. 열정을 가진 낙관주의자
- 자신의 비전을 설득하는 능력

피칭의 목적은 '설득'이다. 내가 전달하고자 하는 핵심 메시지를 듣는 사람이 기억하게 해야 한다. 피칭 자료나 창업 기획서의 도입부에서는 발표자와 청중 간에 공감대를 형성하는 것이 좋다. 서두에서 청중을 설득하고 공감대를 형성하는 데에 성공했다면, 그다음은 비교적 쉽게 풀어나갈 수 있다. 우리 회사가 고객의 문제를 해결하려는 방법을 피력하고, 통계 등 데이터와 자료를 통해 시장의 성장성과 그 안에서 우리 제품의 경쟁력을 어필한 뒤, 창업 팀의 역량을 소개한다. 이렇게 본론 내용을 전달한 뒤 맨 마지막에는 기억에 남기고 싶은 메시지, 즉 청중들의 가슴을 뛰게 할 만한 임팩트 있는 한 마디를 던지면 좋다.

투자자들은 창업가의 실제 경험을 매우 중요하게 여긴다. 말만 번지르르한 사업 계획서보다 실현시킬 사람의 면면이 중요한 것이다. 따라서 IR 자료나 프레젠테이션 클로징은 회사의 사명과 관련된 창업 팀의 실제 경험, 청중을 감동시킬 만한 팀의 비전을 이야기하는 것이 효과적이다. 청중 입장에서 생각해보면 다음과 같은 흐름으로 스토리텔링이 된다.

1. 사회에 이러한 문제가 있습니다.
2. 이 문제를 우리는 이렇게 해결하여, 세상에 이러한 가치를 전달하고자 합니다.
3. 이 시장은 성장하고 있습니다.
4. 다음과 같은 비즈니스 모델을 통해 수익을 낼 것입니다.
5. 경쟁사 대비 이러한 핵심역량을 보유하고 있습니다.
6. 지금까지 이렇게 성장해왔고(수치를 보여줄 수 있다면 그래프로) 향후 이렇게 확장해나갈 것입니다.
7. 우리는 이 일을 가장 잘 할 수 있고, 가치를 잘 전할 수 있는 사람들입니다.

이 중에서도 가장 중요한 요소를 꼽으라면 나는 다음 두 가지를 선택할 것이다.

1. 우리는 세상에 이러한 가치를 전달하고자 합니다.
2. 우리는 그 가치를 가장 잘 전할 수 있는 사람들입니다.

당신은 설레는 비전을 가진 창업가인가? 그리고 당신의 팀은 기꺼이 그 설렘에 동참할 의사가 있는가?

“가능성을 믿어야 노력할 수 있고 진보할 수 있다.”

이나모리 가즈오稻盛和夫

참고 도서 및 자료

《경영이란 무엇인가》 조안 마그레타 저, 김영사, 2004년

《기업가 정신》 피터 드러커 저, 한국경제신문사, 2004년

《기업 창업가 매뉴얼》 스티브 블랭크, 밥 도프 저, 에이콘출판사, 2014년

《당신의 경쟁 전략은 무엇인가?》 조안 마그레타 저, 진성북스, 2016년

《동아 비즈니스리뷰 285호》 동아일보사, 2019년 11월 발행

《롱테일 경제학》 크리스 앤더슨, RHK, 2006년

《린 스타트업》 에릭 리스 저, 인사이트, 2012년

《블루오션 시프트》 김위찬, 르네 마보안 저, 비즈니스북스, 2017년

《비즈니스모델의 탄생》 알렉산더 오스터왈더, 예스 피그누어 저, 타임비즈, 2011년

《사업을 한다는 것》 레이 크록 저, 센시오, 2019년

《스타트업 바이블》 빌 올렛 저, 비즈니스북스, 2015년

《어떻게 나를 최고로 만드는가》 리드 호프먼, 벤 캐스노차 저, RHK, 2012년

《원칙 PRINCIPLES》 레이 달리오 저, 한빛비즈, 2018년

《절대가치》 이타마르 시몬슨, 엠마뉴엘 로젠 저, 청림출판, 2015년

《포지셔닝 POSITIONING》 잭 트라우트 저, 을유문화사, 2006년

《필립 코틀러의 마켓 4.0》 필립 코틀러 저, 더퀘스트, 2017년

《하버드 창업가 바이블》 다니엘 아이젠버그, 캐런 딜론 저, 다산북스, 2014년

직장은 다니고 있지만
내 일이 하고 싶습니다

개정판 1쇄 발행 2023년 3월 15일

지은이 박지영

펴낸이 김남전
편집장 유다형 | 기획·편집 이경은 | 디자인 양란희
마케팅 정상원 한웅 김건우 | 경영관리 임종열 김다운

펴낸곳 ㈜가나문화콘텐츠 | 출판 등록 2002년 2월 15일 제10-2308호
주소 경기도 고양시 덕양구 호원길 3-2
전화 02-717-5494(편집부) 02-332-7755(관리부) | 팩스 02-324-9944
홈페이지 ganapub.com | 포스트 post.naver.com/ganapub1
페이스북 facebook.com/ganapub1 | 인스타그램 instagram.com/ganapub1

ISBN 979-11-6809-087-3 (03320)

※ 책값은 뒤표지에 표시되어 있습니다.
※ 이 책은 《창업가의 생각노트》의 개정판입니다.

※ 잘못된 책은 구입하신 서점에서 바꾸어 드립니다.
※ '가나출판사'는 ㈜가나문화콘텐츠의 출판 브랜드입니다.